MARCO ⊕ POLO

ZÜRICH

D1696820

*Fünf Symbole s
die Orientierung in diesen........ erleichtern:*

für Marco Polo Tips – die besten in jeder Kategorie

für alle Objekte, bei denen Sie auch eine schöne Aussicht haben

für Plätze, wo Sie bestimmt viele Einheimische treffen

für Treffpunkte für junge Leute

(A1)
Koordinaten für den Stadtplan
(O) außerhalb des Kartenbereiches

*Diesen Führer schrieb Christof Hegi.
Er war Herausgeber eines Zürcher Stadtmagazins,
ist mit seinem Verlag Urbane Medien publizistisch tätig und
schreibt auch für den Zürcher »Tages-Anzeiger«.
Die Marco Polo Reihe wird herausgegeben
von Ferdinand Ranft.*

MAIRS GEOGRAPHISCHER VERLAG

MARCO ⊕ POLO

Für Ihre nächste Reise gibt es folgende Titel dieser Reihe:

Die Marco Polo Redaktion freut sich, wenn Sie ihr schreiben:
Marco Polo Redaktion, Mairs Geographischer Verlag
Postfach 31 51, D-73751 Ostfildern

Unsere Autoren haben nach bestem Wissen recherchiert. Trotzdem schleichen sich manchmal Fehler ein, für die der Verlag keine Haftung übernehmen kann.

Titelbild: Grossmünster (Schapowalow/Kornblum)

Fotos: Anzenberger: Lehmann (74), Similache (19, 31, 42, 62); Aura: Ammon (88); Freyer (24, 37, 39, 48); Lade: Assmann (20), Binder (7), Joke (55), Morell (26); Lehmann (71, 80); Limmathof-Hotel (68); Mauritius: Cash (Umschlagklappe vorn), Pigneter (34); Schapowalow: Kornblum (16), Prisma (46); Trummer (29, 84, 86); Verkehrsverein Zürich (4, 12, 58, 76)

2., aktualisierte Auflage 1996 © Mairs Geographischer Verlag, Ostfildern
Lektorat: Sabine Redlin
Gestaltung: Thienhaus/Wippermann (Büro Hamburg)
Kartographie: Mairs Geographischer Verlag, Hallwag, Verkehrsbetriebe Zürich

Printed in Germany
Gedruckt auf 100% chlorfrei gebleichtem Papier

INHALT

Entdecken Sie Zürich!

Die kleine Großstadt mitten in Europa, geschäftig und voller Kultur, mehr als nur Banken- und Handelsmetropole

Die Stadt am Zürichsee ist ein beliebtes Reiseziel geworden, wurden doch allein 1994 eine Million Besucher und doppelt so viele Übernachtungen gezählt. Zusätzlich besuchten zirka 25 Millionen Tagestouristen die Stadt des Geldes, wie Zürich von kritischen Geistern apostrophiert wird und wo die Menschen sich äußerst geschäftig geben und sind, ohne Zeit und zielgerichtet durchs Leben rasen und dem Busineß nur zu oft Humor und Lebenslust opfern. Zurückhaltend, abweisend und kühl seien sie, die Zürcherinnen und Zürcher, verklemmt und zugeknöpft.

Doch halt! Wir wollen hier nicht ein Bild von gestern kolportieren, sondern feststellen, daß sich Zürich immer mehr zu einer Kleinstadt mit Weltformat entwickelt hat, in der das Leben pulsiert, die Leute kreativ und lebenslustig sind und wo urbane Stimmungen vermittelt werden, die man eigentlich nur in größeren europäischen Städten vorzufinden glaubte.

Zürichs großartige Lage am See mit Blick auf die Alpen

Eine Vielzahl von Apéro- und Sekt-*(Cüpli)*bars, eine blühende Gastronomie und die überraschend lustvolle Art, wie die Straßen und Gassen mit Cafés bevölkert werden, verleihen der Stadt an der Limmat gar einen mediterranen Touch. Zur Auflockerung der strengen Zürcher Sitten trug und trägt nicht zuletzt eine neue Generation einiges bei: Die Enkel vor allem der italienischen und spanischen Gastarbeiter, die in den fünfziger und sechziger Jahren ins Land geholt wurden, sind hier geboren und per Erziehung Schweizer geworden, ohne ihr vererbtes mediterranes Lebensgefühl am Paßschalter abgegeben zu haben.

Dazu gesellt sich eine lange kulturelle Tradition, die sich schon zu Zeiten der Römer auf einem hohen Niveau befand, sich in den Blütezeiten der Reichs- und Handelsstadt fortsetzte, während der Weltkriege von der Funktion als Zufluchtsort profitierte und gegenwärtig in einen Trend mündet, der Kultur im urbanen Lebenszusammenhang einen enorm großen Stellenwert beimißt.

Verschiedene Kulturkoryphäen machten Zürich – wenigstens

zeitweise – zu ihrer Wahlheimat: Richard Wagner, Bertolt Brecht, Thomas Mann, James Joyce, Friedrich Dürrenmatt und C. G. Jung. Der Literatur-Nobelpreisträger Elias Canetti wohnte bis zu seinem Tod in Zürich. Doch auch Zürich brachte viele kluge und kreative Köpfe hervor: die Schriftsteller Gottfried Keller, Max Frisch, die konstruktivistischen Künstler Max Bill und Richard P. Lohse, deren Zürcher Schule der Konkreten Malerei weltweit Beachtung fand. Viele Künstlerinnen und Künstler schätzten und schätzen Zürichs natürliche Schönheit, die mit weltstädtischem Charme gepaart ist. So ist Zürich reich an kulturellen Höhepunkten: Das Opernhaus gilt als eine der wichtigsten Opernbühnen der Welt, 14 Theater und eine überaus aktive freie Theaterszene machen sich das Publikum streitig. Das Theaterspektakel auf der Landiwiese am linken Seeufer zieht jedes Jahr aus allen Erdteilen in Scharen Theaterschaffende und Straßenkünstler an. Über dreißig Museen bieten ein breites Spektrum, darunter das dank seiner Sammlungen berühmte Museum für Gestaltung. Das Kunsthaus genießt ebenfalls einen guten Ruf weit über die Landesgrenzen hinaus. Überdies sind die Galerien kaum zu zählen, und die Niederlassungen angesehener Auktionshäuser machen die Stadt zum exklusiven Kunsthandelsplatz. Die Kunst hat auch im öffentlichen Raum ihren Platz, so darf man es nicht verpassen, die einzigartigen Glasfenster von Marc Chagall im Fraumünster zu besichtigen, die sich wunderbar in die Quaianlage schmiegende Plastik Henry Moores zu

bestaunen oder sich der Faszination von Jean Tinguelys fünf Meter hohen, klappernden Heureka-Maschine am Zürichhorn hinzugeben. Eine Sternwarte, 27 Bibliotheken, etliche Musik- und Konzertsäle, unzählige Rock- und Jazzkonzerte prägen die kulturelle Vielfalt der ehemals als spröde bezeichneten Stadt.

Zürich ist ein Mekka für Cineasten. In 23 Kinos sind schnell nach ihrer Lancierung fast alle Filme zu sehen, vom Mega-Hollywood-Schinken über die klassischen Studiofilme bis hin zu Erstlingen junger Schweizer Filmemacher. Und als besonderer Leckerbissen wird kaum ein Film synchronisiert gezeigt, die meisten sind im Originalton mit deutschen und französischen Untertiteln zu sehen.

Obwohl Zürich auch dank des perfekt ausgebauten öffentlichen Verkehrsnetzes, vor allem dank der in den Stadtfarben bemalten, blau-weißen Straßenbahn – »Tram« genannt – alle Vorteile einer modernen Großstadt bietet, ist es doch eigentlich eine überschaubare Kleinstadt geblieben. Nicht zuletzt spielen dabei topographische Faktoren eine Rolle. Zürich liegt am nördlichen Ende des langgestreckten Zürichsees und schmiegt sich vor allem an die Abhänge zweier Hügelketten. Die Stadt bedeckt ein Gebiet von 92 Quadratkilometern, davon ist ein Viertel öffentlich zugänglicher Wald. Mit der Limmat verläßt das Wasser quasi mitten in der Stadt den See, dessen Wasserspiegel sich auf 406 Meter Höhe befindet. Auch die aus einem Seitental kommende Sihl, die sich unterhalb des Hauptbahnhofs mit der Limmat vereinigt, teilt die

*Die älteste Großbank der Schweiz:
Schweizerische Kreditanstalt von 1856*

Folge hat und die Schneegipfel der Alpen optisch fast vor die Stadtgrenzen rückt. Allerdings bringt der Föhn den wetterfühligen der 365 000 Einwohnerinnen und Einwohnern Kopfschmerzen und Reizbarkeit.

Die politische Kommune Zürich wird vom neunköpfigen Stadtrat (Exekutive) regiert. Dessen Vorsitzender, der Stadtpräsident geheißene Bürgermeister, ist gleichzeitig sozusagen Außen- und Kulturminister. Als gesetzgebende Behörde fungiert der 125köpfige Gemeinderat (Legislative). Beide Gremien wählt das Volk alle vier Jahre neu.

Stadt in verschiedene Viertel. Als Teil der ehemaligen Befestigungsanlagen macht der Schanzengraben, der vom See in die Sihl fließt, die Innenstadt praktisch zu einer Insel.

Zürich erfreut sich eines milderen Klimas, als es der nördlichen Breitenlage von 47 Grad eigentlich entspricht. Niederschläge fallen zu allen Jahreszeiten, in kalten Wintern wird Zürich auch mal schneeweiß, und nur in ganz seltenen Fällen, letztmals geschah es 1963, friert der See zu, ein Naturschauspiel und Ereignis besonderer Güte. In Herbst und Winter schlägt der oft langanhaltende Hochnebel auf die Gemüter, und nur auf dem Uetliberg, dem mit 871 Metern höchsten Punkt der Stadt, scheint die Sonne und gibt den Blick auf ein gigantisches Nebelmeer frei. Ein weiteres Phänomen ist der Föhn, ein warmer, trockener, von den Alpen herkommender Fallwind, der sich gern zu Stürmen entwickelt, beinahe unwirkliche Fernsicht zur

Als Wirtschaftszentrum der Schweiz bietet Zürich rund 330 000 Arbeitsplätze. Neben der Maschinen-, Metall- und Textilindustrie, Handel und Gewerbe finden mehr als zwei Drittel der Berufstätigen im Dienstleistungssektor (Banken, Versicherungen, Tourismus) ihr Auskommen. Ein wichtiger Schritt auf dem Weg zur Finanz-, Wirtschafts- und Handelsmetropole von internationaler Bedeutung war die Gründung der Börse 1877. Erst kürzlich (1992) hat diese ein neues Gebäude bezogen. Sie ist die viertwichtigste der Welt (nach New York, London, Tokio) mit einem Umsatz von über 600 Milliarden sfr. Die meisten Schweizer Großbanken mit ihrem weltumspannenden Ruf haben ihren Hauptsitz in Zürich ebenso die Schweizerische Nationalbank. Zweifelhafte Berühmtheit erlangten die Schweiz und insbesondere Zürichs Banken dank der Institution der Nummernkonten. Gekoppelt mit absoluter Sicherheit, politischer und wirt-

Spaziergänge durch Zürich

Auf Schienen

Die Straßenbahn, das Tram, bietet zig Möglichkeiten, sich bequem die Stadt anzuschauen. Mit der Linie 5 vom Bürkliplatz, vorbei an Schauspielhaus und Kunsthaus, durch Hochschulviertel und Villenquartiere bis zum Zoo oder mit der urbanen Linie 7 über den Milchbuck mit Park und neuer Uni, anschließend nach Schwamendingen, einem Schlaf-Stadtkreis Zürichs. Die Linie 4 führt vom Bahnhof über den Limmatquai mit Sicht auf viele historische Kirchen und Zunfthäuser bis ins Seefeld und zur Mühle Tiefenbrunnen oder in die andere Richtung durch das Industriequartier, den Kreis 5, zum aufstrebenden Gebiet rund um den Escher-Wyss-Platz.

Einkaufsbummel

Ein Muß in Zürich ist natürlich die Bahnhofstrasse, beginnend beim Hauptbahnhof. Will man nicht bis zum See, verläßt man die Prachtmeile beim Paradeplatz und gelangt durch die In Gassen zur Storchengasse, Straßenzüge, wo sich die Haute Couture, Juweliere und weitere Geschäfte der gehobenen Sorte angesiedelt haben. Über die breite Rathausbrücke erreicht man die andere Seite der Limmat, eher bekannt für Freizeitkleidung, den Kuriositätenmarkt, Antiquariate und Secondhandshops.

Historisch und unterhaltsam

Vom Central-Platz sticht man in die autofreie Niederdorfstrasse, vorbei an Boutiquen, Kneipen, Nachtclubs, um jenseits des Hirschenplatzes auf historische Wohntürme, verwinkelte Gäßchen und schließlich das Grossmünster, Zürichs Wahrzeichen, zu treffen. Dem Limmatquai entlang zurück begegnen einem Wasserkirche und Helmhaus, diverse Zunfthäuser und das Rathaus.

Spaziergang zum Zoo

Beim Rigiplatz besteigt man die Seilbahn Rigiblick bis zur Bergstation und nimmt den vorerst leicht ansteigenden Weg Richtung Zoo unter die Füße. Die Aussicht ist grandios, und der abschließende, lohnende Besuch im Zoo macht aus dem Spaziergang fast einen Tagesausflug.

Seepromenade

Start ist der Bellevue-Platz, und die Route führt entlang der Seepromenade, vorbei an Hunderten von sich sonnenden, spielenden und sich vergnügenden Menschen, mit kleinen Stopps nicht nur bei Jongleuren und Break-Dancern, sondern auch bei Plastiken von Henry Moore oder Jean Tinguely, um sich auf der Terrasse der *Fischerstube* am Blick auf Stadt, See und Berge zu erfreuen. Nehmen Sie anschließend beim Casino das flache Limmatschiff, fahren Sie unter all den Brücken durch limmatabwärts bis zum Landesmuseum und lassen Sie die Altstadt an sich vorbeiziehen.

schaftlicher Stabilität, wurden die Nummernkonten zum Auffangbecken von Milliarden an Fluchtgeldern und Erlösen aus dunklen Geschäften. Wirtschaftskriminalität, Drogen- und Waffenhandel sowie das Weißwaschen schmutzigen Geldes mittels legaler Bankgeschäfte sind die größten und komplexesten Probleme, mit denen sich die hiesigen Justizbehörden konfrontiert sehen.

Nicht anders als die Banken haben auch die meisten großen Versicherungsgesellschaften ihren Hauptsitz in Zürich. Viele befinden sich am Mythenquai, wo auch die zweitgrößte Rückversicherungsanstalt der Welt zu Hause ist.

Zürich genießt einen guten Ruf als Universitätsstadt. 11 000 Studierende bildet die Eidgenössische Technische Hochschule (ETH) zu begehrten und hochqualifizierten Fachkräften aus, 22 000 Studierende besuchen die kantonale Universität, von deren sechs Fakultäten die philosophische nicht zuletzt durch Professoren wie Carl Gustav Jung Berühmtheit erlangte.

Neben einer Kultur- und Wirtschaftsstadt ist Zürich auch eine Stadt der Kongresse. Die Stadt verfügt über 103 Hotels aller Kategorien mit mehr als 10 000 Betten, sie liegt zentral in Europa und ist dank seines großen und gutausgebauten Flughafens Kloten von überallher bequem erreichbar.

Die verkehrsgünstige Lage spielt nicht erst in jüngster Zeit eine wichtige Rolle. Ab 3000 v. Chr. siedelten Pfahlbauer am Ende des schiffbaren Sees, um 15 v. Chr. errichteten die Römer auf dem Lindenhof eine Zollstation namens »Turicum«. Erstmals jedoch wurde die Siedlung um 929 urkundlich als befestigte Stadt registriert. Die anstelle der Zollstation auf dem Lindenhof erbaute Pfalz – Residenz des Königs – nutzten deutsche Könige und Kaiser. 1218 wurde Zürich freie Reichsstadt, die Pfalz geschleift und als Steinbruch für den Bau von Wohntürmen verwendet (noch erhalten an der Napfgasse 26, Grimmenturm am Neumarkt, Kirchgasse 33). Die zu dieser Zeit errichtete Stadtmauer blieb bis Mitte des 19. Jahrhunderts stehen. 1336 übernahmen Handwerker, in Zünften organisiert, mittels der Zunftverfassung des Bürgermeisters Rudolf Brun und unter dessen gestrenger Führung die Macht. 1351 erfolgte der Beitritt zum Bund der Eidgenossen. Wachsende politische und wirtschaftliche Bedeutung gewann Zürich Ende des 15. Jahrhunderts unter Bürgermeister Hans Waldmann, der sich in den Burgunderkriegen gegen Karl den Kühnen als Führer auch eidgenössischer Truppen einen Namen gemacht hatte. 1519 predigte der Reformator Huldrych Zwingli erstmals im Grossmünster und löste nicht nur in Religionsfragen, sondern auch auf politischer und moralischer Ebene Erdbeben aus. Im 17. Jahrhundert wurde die barocke Schanzenbefestigung erbaut, nicht zuletzt, um sich gegen die bevormundeten und rebellierenden Bauern aus den umliegenden Landstrichen zu schützen. Um 1780 zählte Zürich 10 000 Einwohnerinnen und Einwohner. Die Stadt entwickelte sich zum Stadtstaat der Patrizier und Hort der schönen Künste. Im 19. Jahrhundert, zur Zeit Alfred Eschers, der die Schweizerische Kreditanstalt begründete und als Erbauer der Gotthardbahn gefeiert wurde, wuchs Zürich dank florierender Maschinen- und Textilindustrie, Banken, Versicherungen und regem Fremdenverkehr zu dem Verkehrs- und Wirtschaftszentrum der Schweiz heran.

Die Gründung des Schweizerischen Bundesstaates 1848 wirkte anziehend: Mitte des 19. Jahrhunderts strömten im Zuge der deutschen Revolution und der anschließenden Restauration viele Flüchtlinge nach Zürich, denen die Stadt kostbares Gedankengut und kulturelle Anstöße verdankte. Richard Wagner und Georg Büchner gehörten dazu. Als Emigranten wurden in Zürich auch Leute wie Gottfried Semper tätig, der die heutige Eidgenössische Technische Hochschule (ETH), ein Zürich überragendes Bauwerk, entwarf.

Ein weiterer Strom von Emigranten während des Ersten und des Zweiten Weltkrieges gab dem kulturellen Leben Zürichs großen Auftrieb. Um 1916 gründete der Pazifist Hugo Ball zusammen mit Tristan Tzara, Hans Arp und anderen das »Cabaret Voltaire« an der Spiegelgasse, durch das Zürich zum Zentrum des Dadaismus wurde. Auch Lenin, der in der Schweiz die Russische Revolution sozusagen plante, und Albert Einstein, der wie etliche andere »fremde« Wissenschaftler und Gelehrte der ETH zu bedeutendem Ansehen verhalf, gehörten zeitweise zu den geduldeten Ausländern. Sie übten jedoch keinen direkten kulturellen oder politischen Einfluß auf das Stadtleben aus. Vor und während des Zweiten Weltkrieges, als viele Intellektuelle,

Künstlerinnen und Schauspieler auf der Flucht vor dem deutschen Nationalsozialismus in Zürich strandeten, erlebte vor allem das Schauspielhaus eine Hochblüte, von deren Glanz es zum Teil heute noch zehrt.

Das Heer der Industriearbeiter verhalf Zürich im Zusammenhang mit der wirtschaftlichen Depression Ende der zwanziger Jahre zu seiner politisch rot gefärbten Phase (bis 1949), die auch städtebaulich in Form etlicher Genossenschaftssiedlungen ihren Niederschlag fand.

Die gesellschaftlichen Erschütterungen von 1968 waren zaghaft, diejenigen von 1980, als Jugendunruhen das schöne Bild der reichen und ruhigen Stadt weltweit ankratzten, kamen einer Eruption gleich. Entzündet hatten sich die Emotionen vor dem Opernhaus, als eine Demonstration gegen den 60-Millionen-Umbau des eh hoch subventionierten Opernhauses von der Polizei unsanft aufgelöst wurde. In den folgenden Monaten lieferten sich Jugendliche und die Polizei nächtelange Straßenschlachten. Die sogenannte Bewegung der Unzufriedenen kämpfte aber auch lustvoll und mit sehr viel Phantasie für kulturelle und gesellschaftliche Freiräume: »Macht aus dem Staat Gurkensalat« oder »Weg mit den Alpen, freie Sicht aufs Mittelmeer« waren Slogans, die schon fast in der Tradition der Dadaisten standen. Nachdem das erkämpfte Autonome Jugend Zentrum (AJZ) sich jedoch mit unlösbaren Drogenproblemen konfrontiert sah und der Stadtrat im Wahlkampffieber das AJZ schleifen ließ, ging der Bewegung »der Schnauf aus«.

Die gegenwärtige, rotgrün gefärbte Regierung schlägt sich nicht mehr mit aufmüpfigen Jugendlichen herum, sondern hat die weltweit Schlagzeilen machende offene Drogenszene am stillgelegten Bahnhof Letten vor kurzem geräumt. Das Drogenelend paßte schlecht ins Bild eines properen und gesunden Zürich, von dem James Joyce einmal gesagt hat: »Zürich ist so sauber, daß man eine auf der Bahnhofstrasse ausgeschüttete Minestra ohne Löffel wieder aufessen könnte.«

Die eher biederen, herausgeputzten Fassaden zeugen von Geschäftssinn, Reichtum und bürgerlichem Selbstverständnis, das sich die Stadt der reich gewordenen Handwerker, der Patrizier, schon im Mittelalter zugelegt und bis heute bewahrt hat. Die wenigen Hochhäuser und das Verbot, weitere zu bauen, sowie das Fehlen riesiger Boulevards – auch die Bahnhofstrasse hat keine weltstädtischen Dimensionen – hinterlassen den Eindruck einer Kleinstadt mit beinahe dörflichem Charakter; nicht ohne Grund heißt die rechtsufrige Altstadt Ober- und Niederdorf. Der linksufrige Teil zwischen Limmat, Bahnhofstrasse und Münsterhof wird Altstadt genannt.

Nicht nur daß von Zürich als der grünsten Großstadt des Kontinents gesprochen wird, rund um die Stadt herum finden sich bezaubernde Landschaften mit einmaligen Ausblicken, in kurzer Zeit erreichbar mit öffentlichen Verkehrsmitteln. Und nicht viel weiter entfernt sind die Innerschweiz und die schneebedeckten Alpen mit zahlreichen Ausflugszielen, die dank ihrer Naturschönheiten Weltruf genießen.

Huldrych Zwingli

Gleichzeitig mit Luther bemühte sich Zwingli um die Reformation der Kirche, im Unterschied zum Deutschen jedoch um einiges radikaler. Ab 1519 war Zwingli Priester am Grossmünster und führte die Reformen kompromißlos durch, so daß wirklich nichts mehr Bestand hatte, was nicht eindeutig in der Heiligen Schrift begründet war: Bilder wurden abgenommen, Gesang und Orgelspiel abgeschafft, und vor allem den Kirchenraum säuberte Zwingli von jeglicher Ausschmückung. Die Folge waren schlichte, streng anmutende Kirchen und Gottesdienste. Auch das Kunstschaffen, zu jener Zeit stark mit Bau und Ausstattung der Gotteshäuser verbunden, erlitt einen herben Rückschlag. Da sich Zwingli von Anfang an auch als Politiker mit großem Einfluß betätigte, zeitigten seine Lehren weit über die Kirchenportale hinaus Wirkung auf das gesellschaftliche Leben. So wird die zum Teil in Zürich zu beobachtende spartanische Schlichtheit in der Architektur, der schon fast peinlich anmutende Sauberkeitsfimmel sowie die Zurückhaltung in Kultur und Festtraditionen auf das Wirken des radikalen Reformators zurückgeführt. Das Attribut »zwinglianisch« hat heutzutage Schimpfwortcharakter und ist am ehesten mit »engstirnig« gleichzusetzen.

Was schauen wir an?

Geschichtsträchtige Bauten, ein vielfältiges Kulturleben und die besondere Lage machen Zürich zur abwechslungsreichen kleinen Großstadt

Little Big City ist der Slogan, mit dem der Zürcher Verkehrsverein die größte Schweizer Stadt anpreist. Im Vergleich zu anderen Großstädten ist Zürich denn auch eine überschaubare Kleinstadt, und doch braucht die Wirtschafts- und Finanzmetropole hinsichtlich ihrer urbanen Qualitäten und ihrer kulturellen Vielfalt den Vergleich mit manch anderer Großstadt nicht zu scheuen.

Da Zürichs Mauern nie einem Krieg zum Opfer fielen, sind sehr viele alte Bauten, ja ganze Stadtteile äußerst gut erhalten geblieben, so daß in Ober-, Niederdorf und der Altstadt ein kulturgeschichtlicher Gang durch die Epochen möglich ist. Die Kirchen, die Zunfthäuser und Repräsentationsbauten in der Innenstadt wie Metropol, Oper, Rotes und Weisses Schloß, ETH und Universität legen beredtes Zeugnis ab vom großen Stellenwert wirtschaftlicher und politi-

scher Natur, den die Stadt nicht erst seit dem 19. Jh. genoß. Obwohl Zürich sich nach und nach die umliegenden Gemeinden einverleibte und man heute von Stadt und Agglomeration zusammen als dem Millionen-Zürich spricht – mit einer Million Menschen lebt gut ein Siebtel der gesamten Schweizer Bevölkerung in diesem Raum –, hat es nicht zuletzt dank seiner Lage den kleinstädtischen Charakter erhalten können. Das Verhältnis einheimischer Größen aus der Literatur wie etwa Friedrich Dürrenmatt oder Max Frisch war geprägt von einer Haßliebe. Bei allem Respekt vor ihrer Schönheit geißelten die beiden oft auch die Engstirnigkeit und Kleinkariertheit zürcherischen Denkens und Handelns. Dieser Eigenart ist es vielleicht zu verdanken, daß man in der Altstadt links und rechts der Limmat nicht nur all die historischen Baudenkmäler auf kleinem Raum vorfindet, sondern sich ein großer Teil des Geschäftslebens und fast das gesamte Nachtleben in einem Umkreis abspielt, der mit Vorteil zu Fuß gemeistert wird. Sie müs-

Mitten in der Altstadt finden sich kuriose und verträumte Ecken: Fischerkähne an der Limmat

sen nicht auf Kultur verzichten, wenn Sie geschäftlich in der Stadt sind, vielleicht findet Ihre Sitzung gar in einem kunsthistorisch interessanten Gebäude statt, das auch noch einen Ausblick auf die prächtige Zürcher Seelandschaft gewährt.

Die Stadt ist in Kreise eingeteilt, die im Volksmund als »Quartiere« bezeichnet werden. Von den 12 Kreisen ist nicht nur der erste – Altstadt, Ober- und Niederdorf – sehenswert. Das sogenannte Aussersihl (Kreise 4 und 5) – es liegt »außerhalb«, das heißt jenseits der Sihl – hat vor allem wegen seiner multikulturellen Bewohnerschaft einen

großen Reiz. Allerdings leiden die Kreise 4 und 5 immer wieder unter den Auswirkungen der Drogenszene und der Prostitution. Der Kreis 5 bietet aber rund um den Escher-Wyss-Platz eines der interessantesten, neu aufstrebenden urbanen Zentren mit etlichen Kulturangeboten in neu genutzten Fabrikarealen. Der Kreis 8, das beim Bellevue beginnende Seefeld, ist dank schöner Wohnbauten und Seenähe beliebtes Wohnquartier, und die Kreise 6 und 7, die sich Richtung Zürichberg erstrecken, beherbergen in höheren Regionen diejenigen Zürcher Bürger, die sich ein herrschaftliches Haus

MARCO POLO TIPS FÜR BESICHTIGUNGEN

1 Stadelhofen
Bahnhofsneubau von Calatrava, ein Leckerbissen für Liebhaber moderner Architektur (Seite 17)

2 Fraumünster
Die Glasmalereien Marc Chagalls gehören ins Pflichtprogramm (Seite 23)

3 Grossmünster
Zürichs Wahrzeichen war die Wirkungsstätte des Reformators Zwingli (Seite 23)

4 Napfplatz/Neumarkt/ Rindermarkt
Der idyllische Teil des Niederdorfs ist voller kleiner Geschäfte und Betriebe (Seite 28, 32)

5 Oberdorf
Die verträumtesten Ecken der Altstadt (Seite 32)

6 Quaibrücke/Quaianlagen
Der Blick von der Brücke ist in beide Richtungen umwerfend, die freien Ufer suchen ihresgleichen (Seite 17, 27)

7 Rosenhof
Kuriositätenmarkt und lebendiger Treffpunkt an sommerlichen Abenden (Seite 28)

8 Uetliberg/Felsenegg
Der Hausberg verhilft zu erholsamem Spaziergang, prächtiger Aus- und guter Übersicht (Seite 15)

9 Wasserkirche
Um den Bau aus dem 15. Jh. ranken sich einige Legenden (Seite 24)

10 Zoologischer Garten
Schön gelegen, mit tiergerechten Anlagen (Seite 32)

in exquisiter Lage leisten können. Die Universität mit ihrem stets wachsenden Platzbedarf hat sich ebenfalls in diese Kreise hineingefressen.

AUSSICHTSPUNKTE

Sternwarte (**O 3**)
✧ Das Haus Urania beherbergt zuoberst in seinem 48 m hohen Turm ein bei klarem Wetter öffentlich zugängliches Observatorium *(April–Sept. Di–Sa 21 bis 23 Uhr, Okt.–März Di–Sa 20 bis 22 Uhr)*, ein Geschoß tiefer die *Jules-Verne-Bar.* Bei einem Drink mit Blick auf Dächer und Kirchtürme lassen sich wunderbar die nächsten Spaziergänge planen. *Mo–Fr 11–24, Sa/So 11 bis 23.30 Uhr, Uraniastrasse 9, Tram: Rennweg*

Uetliberg/Felsenegg (**A 6**)
★ ✧ Der Hausberg Zürichs erhebt sich über die Stadt und bietet mit seinen 871 m Höhe einen großartigen Blick auf Zürich. Man sieht, wie die Stadt zwischen zwei Hügelzügen eingebettet ist und an verschiedenen Stellen das enge Korsett zu durchbrechen vermochte. Zu Füßen liegt der Zürichsee, und bei klarer Sicht genießt man einen herrlichen Blick auf die schneebedeckten Alpengipfel.

Sehr reizvoll ist der Uetliberg im Herbst und Winter, wenn garstige und langdauernde Hochnebel-Wetterlagen die Stadt unter einem grauen Deckel halten, der Hausberg jedoch aus dem Nebelmeer ragt. Und liegt etwas Schnee, kann man auf den gutausgebauten Wegen gar in die Stadt hinunter schlitteln. *(Wetterauskunft: 201 24 24)*

Nach einer kleinen Stärkung in einem der beiden Restaurants auf dem Uetliberg kann man Richtung *Felsenegg* entlang des interessanten *Planetenweges,* einer Nachbildung unseres Sonnensystems im Maßstab eins zu einer Milliarde, weiter spazierengehen. Auf der Felsenegg erwartet einen nicht nur ein weiteres Restaurant, sondern auch eine Seilbahn, die in den Zürcher Vorort *Adliswil* hinunterführt, wo man sich wiederum mit der S-Bahn (S4, alle 20 oder 30 Min.) direkt zum Hauptbahnhof chauffieren lassen kann.

*Alle 30 Min. fährt die S10, eine der steilsten Bahnen der Welt ohne Zahnradantrieb, in knapp 25 Minuten hinauf. Fahrkarten mit Code *131 lösen.*

BAHNEN/AUSFLÜGE

Dolderbahn (**G 4**)
Vom *Römerhof* aus fährt diese Zahnradbahn zum renommierten *Grand Hotel Dolder* und erschließt ein großes Naherholungs- und gut beschildertes Spazier- und Jogginggebiet in den schönen Wäldern ✧ des Adlisberges. *Alle 10–15 Min.*

Forchbahn (**F 4**)
Vom Bahnhof Stadelhofen aus fahren die rot-weißen Wagen der S10 im 15- oder 30-Min.-Takt vorerst auf der Trasse der Straßenbahn in die hoch über dem See gelegenen Vorortsgemeinden *Zollikerberg, Zumikon,* anschließend über die *Forch* und in knapp 40 Min. bis nach *Esslingen* (**O**). ✧ Von den verschiedenen Haltestellen gehen zahlreiche, gut beschilderte und zauberhafte Spazierwege Richtung *Pfannenstiel* (847 m) mit prächtigem Pan-

Zur schönen Aussicht: mit dem Polybähnli auf die Polyterrasse

orama ab. Zum Beispiel: Forch–Limberg–<mark>Blüemlisalp (uriges Restaurant)</mark>–Kittenmühle–Erlenbach und zurück nach Zürich mit dem Schiff oder zu Fuß ca. 1½ Std.

Polybahn (P–Q 2)

Die Terrasse vor der ETH, die frühere Polytechnische Hochschule – im Volksmund »Poly« –, erreicht man vom Central-Platz aus bequem mit dem schnuckeligen Polybähnli. Diese kleine Standseilbahn wurde 1889 erbaut, hat heute dank ihrer Eisenkonstruktionen eher kunsthistorischen und nostalgischen Wert und fährt alle 3 Min. vom Central-Platz auf die ✿ Polyterrasse, die einen schönen Stadtblick freigibt. *Mo–Fr 6.45–20.15, Sa bis 16 Uhr*

Seilbahn Rigiblick (G–H 2)

Mit diesem kleinen Bähnchen erreicht man vom *Rigiplatz* (**F 2**) in wenigen Minuten die ✿

<mark>Aussichtsterrasse des *Restaurants Rigiblick*</mark> und die vielen Spazierwege in den Wäldern des *Zürichbergs* Richtung Zoo.

BAHNHÖFE

Hauptbahnhof (O 1–2)

Ursprünglich vor der alten Stadt auf der ehemaligen Schützenwiese erbaut, erfuhr der heutige, 1871 eingeweihte Bahnhof einige einschneidende Veränderungen. In die große Halle fuhren die Nachfolge-Dampfzüge der »Spanisch-Brötli-Bahn«, der ersten, 1847 eröffneten Eisenbahnlinie der Schweiz. Der südseitige, klassisch gegliederte Anbau, der mit seinem triumphbogenartigen Tor quasi den Anfangspunkt der Bahnhofstrasse setzt, diente als Aufnahme- und Abfertigungsgebäude. 1976/80 renoviert, erlebte der Bahnhof in den achtziger Jahren im Hinblick auf die Einführung der S-Bahn eine Invasion der Baumaschinen, deren Ende doch bald abzusehen ist: Auf der Südseite wurde eine bis heute nicht gebrauchte U-Bahnstation zur neuen Endstation der verlängerten Uetlibergbahn, auf der Nordseite entstand – ebenfalls tief unter der Erde und sogar unter Limmat und Sihl – der neue Bahnhof Museumsstrasse, der aus dem Kopf- teilweise einen Durchgangsbahnhof machte.

Im Zuge dieser Arbeiten wurden unter dem bestehenden Bahnhof ein bis zwei Untergeschosse eingebaut, nach und nach entstand ein riesiges *Einkaufszentrum* mit zahlreichen Geschäften, Erfrischungsräumen und Schließfächern. Der Nordtrakt, der zwecks Bau des unterirdischen Bahnhofes geschleift wurde, entsteht als Neubau. Geht die Bauerei gegen Ende des Jahrhunderts zu Ende, darf man sich auf die von allen früheren Einbauten und Baubaracken befreite Halle freuen, die dann den größten überdachten Platz Zürichs darstellen wird. Schon heute lohnt es sich, im oder vor dem stilvollen *Café Les Arcades* sitzend, den großzügigen Raum zu genießen.

Stadelhofen (Q 5)

★ Seit dem Bau der S-Bahn halten alle S-Bahn-Züge nach Winterthur und ins Zürcher Oberland im Bahnhof Stadelhofen, der damit zum zweitwichtigsten, allerdings nur dem Lokalverkehr dienenden Bahnhof geworden ist. Der spanische Architekt Santiago Calatrava, der für den notwendigen Ausbau engagiert wurde, schuf ein aufsehenerregendes Bauwerk. Es zeichnet sich

aus durch bogenförmig-geschwungene Elemente, die sich vom größten Deckenträger bis ins kleinste Geländerdetail fortsetzen. Unter den Gleisen entstand in einem kathedralenähnlichen Spannbetongewölbe eine *Ladenpassage.* Ein Besuch dieses modernen Bauwerks lohnt sich vor allem, wenn man nicht auf den Zug hetzen muß. *Tram/ S-Bahn: Stadelhoferplatz/Opernhaus*

BRÜCKEN

Quaibrücke (P 5)

★ Die Quaibrücke verbindet den Bürkliplatz mit dem Bellevueplatz, somit die beiden Quaianlagen links und rechts des Seebeckens, die während der achtziger Jahre des letzten Jhs. dem See abgerungen und gestaltet wurden. Von der Brücke aus genießt man eine herrliche Aussicht seeaufwärts bis zu den Alpen, limmatabwärts auf die Altstadt. *Tram: Bellevue*

Rathausbrücke (P 3)

Ihr Ursprung geht auf die Römer zurück, denen sie vor 2000 Jahren als Zollübergang an der schmalsten Stelle des Seeausflusses diente. Später war sie der einzige befahrbare Übergang – und ein wichtiger Treffpunkt. Das ist sie noch heute, denn die erst 1972 erbaute Brücke ist zum Platz geworden. Mit Imbißständen und Bänken zum Verweilen bietet sie eine ausgezeichnete Möglichkeit, einen Blick auf das Zentrum Zürichs zu werfen: Flußaufwärts liegen im Uhrzeigersinn links das *Rathaus,* anschließend die Zunfthäuser *Zum Rüden* und *Zur Zimmerleuten,* gleich dahinter das

Grossmünster. Rechterhand das *Fraumünster,* die *Wühre* mit der Cafébestuhlung, das prächtige *Hotel Storchen* mit dem davorliegenden *Weinplatz,* dahinter der Turm der *Kirche St. Peter* und ganz rechts das frischrenovierte, klassizistische *Haus zum Schwert. Tram: Rathausbrücke*

BRUNNEN

Zürich kennt eine eigene Brunnenkultur mit durchwegs unbemalten, auf Säulen stehenden Steinfiguren, die davon herrührt, daß früher jeder Steinmetz als Gesellenstück eine klassische Statue herstellen mußte. Immer wieder trifft man auf ein schlichtes Einheitsmodell aus Messing. Dabei handelt es sich um Notwasserbrunnen, für den Fall, daß die Wasserversorgung einmal nicht mehr funktionieren sollte.

Alfred-Escher-Brunnen　　(O 2)

Das Denkmal Alfred Eschers (1819–1882) ist als eines der wenigen einer Zürcher Persönlichkeit gewidmet. Der ideelle Vater und Förderer der Gotthardbahn sowie Gründer der Schweizerischen Kreditanstalt (1856) schaut vom Bahnhof aus die Bahnhofstrasse hinauf zu den Alpen. Früher stand das Brunnendenkmal im Zentrum des Bahnhofplatzes. Straßen, Tramgleise, -häuschen und -fahrleitungen begruben es später förmlich, die Fußgänger wurden unter den Boden ins Shopville verbannt. Erst im Zuge des Umbaus schuf man von neuem einen ebenerdigen Fußgängerübergang vom Bahnhof zur Bahnhofstrasse, der auch das Denkmal wieder aufwertet. *Tram: Bahnhofplatz*

DENKMÄLER

Gottfried Keller　　(E 5)

Keller, 1819 in Zürich geboren und 1890 auch dort gestorben, setzte sich in seinen Romanen (»Der grüne Heinrich«, »Die Leute von Seldwyla«) und Gedichten intensiv mit seiner Heimatstadt und den politischen Strömungen des 19. Jhs. auseinander. 1861–76 war er erster Stadtschreiber von Zürich. Ein überdimensionierter Keller-Kopf in Stein steht auf einem kleinen Plätzchen neben dem Hafen Enge. *Tram: Rentenanstalt*

Hans Waldmann　　(P 4)

Am Brückenkopf der Münsterbrücke thront das Waldmann-Denkmal, das zusammen mit der Silhouette des Grossmünsters zu einem Wahrzeichen Zürichs geworden ist. Im 15. Jh. schuf sich Waldmann als Kriegsherr einen Namen, wurde Zürcher Bürgermeister und machte sich durch sein despotisches Regime unbeliebt. Schließlich erzwang das Volk seine Enthauptung. *Tram: Helmhaus*

Huldrych Zwingli　　(P 4)

Einer der berühmtesten Zürcher: Gleichzeitig mit Luther in Deutschland reformierte der ans Grossmünster berufene Priester die Kirche und hatte als gestrenger und überzeugter Reformator großen Einfluß auf das gesellschaftliche und politische Leben der Stadt. Er fiel auf dem Schlachtfeld in einem Bürgerkrieg gegen Katholiken. Sein eisernes, schwertbestücktes und strenges Ebenbild wacht nun vor der Wasserkirche. *Tram: Helmhaus*

Johann Heinrich Pestalozzi (**O 2**)
Der Pädagoge Pestalozzi wurde 1746 in Zürich geboren, schuf außerhalb Zürichs Armen- und Waisenhäuser und eine erste Waisenschule. Er gilt als geistiger Vater der modernen Volksschule. Auf der Grünanlage an der Bahnhofstrasse, die seinen Namen trägt, steht ein Standbild, das an den einflußreichen Denker erinnert. *Tram: Bahnhofstrasse*

FREIBÄDER

Zürich verfügt über insgesamt 16 Badegelegenheiten: darunter sechs See- oder Strandbäder und fünf Flußbäder. Überall, wo es das Ufer zuläßt, wird auch außerhalb der Badeanstalten im See geplanscht. Die früher prüde Zwingli-Stadt zeigt sich im Sommer freizügig.

Freibad Dolder (**H 3**)
Freibad mit künstlich erzeugten Wellen, große Spielwiese. Re-

staurant. *Mitte Mai–Mitte Sept., Adlisbergstrasse 36, Tram: Zoo*

Strandbad Mythenquai (**E 6**)
Mit großen Bäumen, Alpenblick und Sandstrand. Restaurant mit guten Verpflegungsmöglichkeiten. *Mitte Mai–Mitte Sept., Mythenquai 95, Tram: Brunaustrasse*

Flußbad Stadthausquai (**P 4**)
Nostalgisches Holzbad nur für Frauen mit Blick aufs Stadtpanorama. *Juni–Aug., Stadthausquai, Tram: Bürkliplatz*

Flußbad Unterer Letten (**E 2**)
Verspielte Holzbadeanstalt mit stark strömender Limmat. Hat schöne Liegeplätze und einen Kiosk. Eintritt kostenlos. *Juni bis Mitte Sept., Wasserwerkstrasse 141, Tram: Dammweg*

Seebad Utoquai (**F 5**)
Gemischte und geschlechtergetrennte Abteilungen in dieser in den See hinausgebauten Badean-

Heidi-Weber-Haus: moderne Kunst in modernem Bau von Le Corbusier

Zürichs Universität sollte ursprünglich doppelt so groß werden

lage. Treffpunkt der Schönen und der sich so Fühlenden. Cafeteria. *Mitte Mai–Mitte Sept., Utoquai, Tram: Kreuzstrasse*

GEBÄUDE

Börse (N 4)

Projektiert wurde die neue Börse zu einer Zeit, als man noch nicht absehen konnte, daß die rasante weltweite Entwicklung der elektronischen Datenverarbeitung den Handel am Ring einmal überflüssig machen könnte. Kaum eingeweiht – 1992 –, wird schon darüber spekuliert, wie das monumentale Gebäude direkt an der Sihl beim ehemaligen Bahnhof Senau nach Aufhebung des traditionellen Börsenhandels weitergenutzt werden könnte. *Selnaustrasse 32, Tram/S4, S10: Selnau*

Centre Le Corbusier (F 6)

Am Rande des Zürichhorn-Parks befindet sich das *Heidi-Weber-Haus,* benannt nach der Galeriebesitzerin und Bauherrin. Erbaut wurde es 1967 nach Plänen des avantgardistischen und innovativen Schweizer Architekten, Malers und Bildhauers Le Corbusier, der es ursprünglich als Wohnhaus konzipierte. Heute dient es als Ausstellungspavillon für moderne Kunst. Das Heidi-Weber-Haus mit seinem charakteristischen, aus zwei Stahlschirmen bestehenden Dach, ist ein untypisches Beispiel von Le Corbusiers Baukunst – es besteht vor allem aus Stahl und emaillierten Stahlplatten –, ist jedoch das einzige in Zürich zu sehende Bauwerk des Meisters, den man im Gegensatz zu seiner Geburtsstadt La Chaux-de-Fonds – wohl aus Angst vor den »verrückten« Ideen – hier nicht bauen ließ. *Mi 10–20, Do–So 14–17 Uhr, Höschgasse, Tram: Höschgasse*

Eidgenössische Technische Hochschule (ETH) (Q 2)

Auf dem ehemaligen Befestigungswall wurde 1864 nach Plänen des Architekturprofessors Gottfried Semper der massive Bau der ETH fertiggestellt. Das monumentale Rechteck mit dem strenger Ordnung gehorchenden Mitteltrakt gilt als bedeutendster Repräsentant des Historismus in der Schweiz und birgt im Innern eine sehenswerte toskanische Säulenhalle. Das an bestem Platz über der Stadt thronende und auf diese ausgerichtete Gebäude wurde mehrfach erweitert. 1914 bis 1925 durch eine rückseitige Kuppel und flankierende Gebäudeteile, in den siebziger Jahren durch Innenausbauten und die vorgelagerte Mensa, deren Dach – 🔻 die Polyterrasse – ein schöner Aussichts- und beliebter Treffpunkt ist. *Tram: ETH/Universitätsspital*

Helmhaus (P 4)

Wie das Rathaus stand auch das Helmhaus zusammen mit der angebauten Wasserkirche auf einer Insel in der Limmat. Die offene Halle des Helmhauses, dessen Name von helmen (schützen) herrührt, war der rechtsufrige Brückenkopf der »Oberen Brugg«, der auch als Gerichtsort und Leinwandmarkt diente. Im Gebäude aus der Epoche des spätbarocken Klassizismus Ende des 18. Jhs. ist heute eine städtische Galerie für Schweizer Kunst einquartiert. *Limmatquai 31, Tram: Helmhaus*

Metropol (P 4)

Zwischen Fraumünsterstrasse und Stadthausquai, dem schweren Renaissancepalais der Fraumünster-Post angegliedert, steht das 1803 erbaute und erst kürzlich renovierte Geschäftshaus Metropol. Die damals avantgardistische Stahl-Glas-Fassade mit massivem Arkadensockel verleiht in Verbindung mit der Dekorationslust des Neurokoko dem gesamten Gebäudekomplex großstädtischen Charakter. *Tram: Helmhaus/Bürkliplatz*

Opernhaus (Q 5)

Nach einem Brand in der für Opernaufführungen umgebauten Barfüßer-Klosterkirche mitten im Niederdorf beschloß man, beim Bellevue ein neues Haus zu bauen. Man beauftragte die Wiener Architekten Fellner und Helmer, die dafür Pläne eines eigentlich für Krakau geplanten Baus aus der Schublade zogen. Nach nur zwanzigmonatiger Bauzeit wurde 1891 das neubarocke, Elemente des traditionellen Schloßbaus aufweisende, stattliche Theater eröffnet. Im letzten Jahrzehnt wurde das Haus renoviert und mit einem seitlichen Anbau versehen, der im Volksmund seiner rosa Farbe und eckigen Form wegen »Fleischkäse« genannt wird. *Falkenstrasse 1, Tram: Opernhaus*

Rathaus (P 3–4)

Der barocke Bau aus dem späten 17. Jh. ist nebst Helmhaus und Wasserkirche als einziges der vielen in die Limmat gebauten Häuser – Mühlen und Handwerksbetriebe – stehengeblieben. Hinter den fein gegliederten und reich mit Büsten und anderen dekorativen Elementen geschmückten Fassaden tagen regelmäßig die Legislativen sowohl der Stadt als auch des Kantons Zürich.

Im Innern sind prunkvolle Stukkaturen und Turmöfen aus dem 17. Jh. erhalten, der Festsaal ist schönstes Barock und wird von der Stadt für Veranstaltungen genutzt. *Besichtigung Di, Do, Fr 10 bis 11.30 Uhr, Tram: Rathaus*

Stadthaus (P 4)

Der Sitz der städtischen Exekutive wurde um 1900 in neugotischen Formen anstelle des ehemaligen adeligen Damenstiftes St. Felix und Regula erstellt. Der stattliche Lichthof und die Wandelgänge werden vom Kulturamt als Ausstellungsräume genutzt. *Mo–Fr 8–18 Uhr, Stadthausquai 17, Tram: Paradeplatz/Helmhaus*

Universität (Q 2–3)

Neben der ETH thront ebenso hoch über der Stadt das 1914 fertiggestellte Hauptgebäude der Universität. Für die heute asymmetrische, monumentale Anlage mit einem hohen, massiven Turm als Gelenk war vom Architekten Karl Moser ursprünglich eine Verdoppelung des gesamten Komplexes vorgesehen. Wegen der Größe des Vorhabens hatte die Idee jedoch nie eine Chance, realisiert zu werden. Sehenswert sind die großzügige Treppenanlage und der glasüberdachte Innenhof. *Tram: ETH/Universitätsspital*

Werkbundsiedlung Neubühl (O)

Ein schweizerisches Architekturdenkmal von großem internationalem Wert ist diese Einfamilienhaussiedlung, die als typisches Beispiel des »Neuen Bauens«

von einem Architektenkollektiv in den dreißiger Jahren geplant wurde. *Nidelbadstrasse 79, Tram: Wollishofen*

HISTORISCHE STÄTTEN

Lindenhof (P 3)

✦ Auf dieser Kuppe eines Moränenhügels errichteten die Römer eine Zollstation, die als Ursprung der Stadt gilt. Im Mittelalter stand darauf eine Pfalz, doch die schönste Geschichte rund um den Lindenhof schrieben Zürichs Frauen im Jahre 1291: Ein österreichischer Herzog hatte das gesamte zürcherische Heer in die Gegend von Winterthur gelockt und glaubte, die Stadt ohne Widerstand einnehmen zu können. Doch er sah sich auf dem Lindenhof einem zweiten Zürcher Heer gegenüber. Darauf gab er sein Vorhaben auf und zog ab. Was er nicht wissen konnte: Das zweite Heer waren Zürichs Frauen, die sich in der Not in Rüstungen und Waffen geschmissen hatten. Der listigen Tat gedenkt ein *Brunnen* auf dem Lindenhof. *Tram: Rathaus/Rennweg*

Spiegelgasse (P–Q 3)

Diese enge Altstadtgasse, die durch den Napfplatz und ein weiteres, idyllisches Plätzchen erweitert wird, birgt literarische und geschichtliche Trouvaillen. Im *Haus Nr. 1* gründete 1916 der Pazifist Hugo Ball das »Cabaret Voltaire«, das zum Zentrum des Dadaismus wurde. In *Nr. 12* verstarb der junge Dichter Georg Büchner, und ein Haus nebenan wohnte 1916/17 Wladimir Iljitsch Uljanow, der wenige Monate später als Lenin an der Spitze der Russischen Revolution die

Macht übernehmen sollte. *Tram: Rathaus*

Enge-Kirche (M 6)

Auf einer Moränenkuppe thront weithin sichtbar die Kirche Enge mit ihrer mächtigen Kuppel im Stile der italienischen Frührenaissance. ⚜ Im Treppenaufgang stehend, genießt man einen herrlichen Rundblick über See und Stadt. *Grütlistrasse 8, Tram: Bahnhof Enge*

Fraumünster (P 4)

★ Ursprünglich war das Fraumünster die Kirche des adligen Damenstifts, das 853 von Ludwig dem Deutschen, einem Enkel Karls des Großen, für seine Töchter gestiftet wurde. Die jeweilige Äbtissin amtete bis ins Hochmittelalter hinein als Stadtregentin. Die Reformation beendete deren Regentschaft, und vom Kloster blieben nur noch die Kirche und der Kreuzgang übrig, der das Fraumünster mit dem Stadthaus verbindet. Sehenswert sind im spätromanischen Chor der ansonsten spätgotischen Kirche die fünf 1970 realisierten hohen Glasfenster des Künstlers Marc Chagall und eine 1978 von ihm geschaffene Rosette. Die Fenster des nördlichen Querhauses schuf zwischen 1930 und 1945 Augusto Giacometti. Der erst 1732 in diese Höhe getriebene Turm bildet ein Gegengewicht zu den Türmen des Grossmünsters. *Tram: Helmhaus*

Grossmünster (P 4)

★ Das Wahrzeichen Zürichs beherrscht mit der mächtigen Doppelturmfassade den oberen Lim-

matraum. So wie die Legende geht, stiftete Karl der Große eine erste Kirche da, wo die Stadtheiligen Felix und Regula, nachdem sie unten an der Limmat enthauptet wurden, mit dem Kopf unter dem Arm noch hingewandert sein sollen. Ein steinernes Andenken an den Stifter ist in einer Nische des Südturms untergebracht. Zur Zeit der Reformation war das Grossmünster die Wirkungsstätte Zwinglis, auf den auch die Kargheit im Inneren der Kirche zurückzuführen ist. Die frühesten Teile des Grossmünsters stammen aus dem späten 11. Jh., zeigen also romanische Züge wie die rein romanische Krypta oder der großartige Kreuzgang. Als einziges der sieben Klöster innerhalb der damaligen Stadtmauer fiel das Grossmünsterkloster nicht reformatorischem Eifer zum Opfer, sondern wurde als theologische Schule weiterbetrieben.

Die lange Bauzeit des monumentalen Sakralbaus ist an den Türmen abzusehen, deren Stil sich von unten nach oben ändert: romanisch bis zur Firsthöhe, gotisch bis zur Galerie, abgeschlossen auf Betreiben des damaligen Bürgermeisters Hans Waldmann mit hohen Spitzhelmen, die nach einem Turmbrand und längerer Diskussion in den achtziger Jahren des 18. Jhs. durch neogotische Hauben ersetzt und vom Schriftsteller Victor Hugo als »häßliche Pfefferbüchsen« bezeichnet wurden. ⚜ Wenn das Wetter gut ist und der Küster Zeit hat, können die Türme im Sommerhalbjahr bestiegen werden. *Tgl. 9–12, 14–18 (Sommer), 10–12, 14–16 Uhr (Winter), Tram: Helmhaus*

Predigerkirche (Q 3)

Auch diese Kirche diente früher klösterlicher Einkehr, wurde im 13. Jh. in gotischem Stil erbaut und der Chor im 16. Jh. als Kornschütte genutzt. Nach dem Einbau von Betonböden war 1917–82 das Staatsarchiv im Chor untergebracht. Der mit 97 m höchste Turm der Stadt kam erst 1900 dazu und wurde kürzlich nach 94 Jahren einer Totalrenovation unterzogen. An die Predigerkirche schmiegt sich als gehaltvolles, mit einem sehenswerten Neubau ergänztes Jugendstilgebäude die Zentralbibliothek. *Tram: Rudolf-Brun-Brücke*

Wurde vor allem durch die größten Zifferblätter Europas – 8,7 m Durchmesser – berühmt: die Kirche St. Peter

St. Peter (P 4)

Die Kirche bildet den südlichen Abschluß der idyllischen St. Peterhofstatt und ist der älteste Sakralbau der Stadt. Der romanische ☙ Turm, der auch bestiegen werden kann, erhielt 1534 die mit 8,7 m Durchmesser größten Zifferblätter Europas. Das barocke Langhaus kontrastiert den Turm und wartet im Innern mit kräftigem Stuckdekor auf. *Tram: Paradeplatz*

Wasserkirche (P 4)

★ Die Entstehung der Wasserkirche geht mindestens zurück auf die letzte Jahrtausendwende. Die Legende besagt sogar, daß der erste Sakralbau an der Stelle errichtet worden sei, wo die beiden Stadtheiligen Felix und Regula wegen ihres christlichen Glaubens enthauptet worden sind. Ursprünglich stand die Kirche auf einer Insel inmitten der Limmat, daher auch ihr Name, und war nur durch einen hölzernen Pilgersteg, der Zürcher »Via Sacra«, mit beiden Ufern verbunden. Die mächtige Anziehungskraft der Wasserkirche wurde noch erhöht, als während eines trockenen Sommers im 16. Jh. auf der Insel eine Quelle zutage getreten sein soll, der die Menschen damals eine gewisse Heilkraft nachgesagt haben.

Der heute zu sehende Bau entstand im späten 15. Jh., gilt als einheitlichstes Werk der Spätgotik und zeichnet sich aus durch ein schönes Netzgewölbe und die hohen Spitzbogenfenster, die erst 1932/33 entstanden und das christliche Leben früher und heute zeigen. Dabei ist im rechten Fenster oben sogar ein roter Rennwagen zu entdecken.

Jeweils am 11. September, dem Kirchweihtag des Fraumünsters, wurde der Pilgergang über die Via Sacra zur Wasserkirche mit doppeltem Ablaß belohnt. Die Wichtigkeit dieses »Felix- und Regulatages« hielt sich bis ins

19. Jh., heute richtet sich das *Knabenschießen,* ein Schützenfest für Mädchen und Knaben, nach diesem Datum. *Tgl. 9–18 Uhr, Limmatquai 31, Tram: Helmhaus*

KURIOSES

Rotes und Weisses Schloß (O 6)

Nach der Aufschüttung der Quaianlagen im späten 19. Jh. wurden auf den angrenzenden und speziell dafür vorgesehenen Grundstücken palastartige Wohnbauten in französischem Barockstiel errichtet: das Rote und das Weisse Schloß. Das Ziel war, steuerkräftige Bürgerinnen und Bürger an diese exzellente Wohnlage mit Seeanschluß und Alpensicht zu locken. Dabei wurde an Türmchen, Erkern, Zinnen, gespickt mit Elementen der französischen Renaissance und des Manierismus, nicht gespart. *General-Guisan-Quai, Tram: Rentenanstalt*

Villa Patumbah (G 6)

Ein aus Sumatra zurückgekehrter Tabakpflanzer hat sich mit dieser pompösen, alle Stile vermischenden Villa ein Denkmal gesetzt. Die Hälfte des öffentlichen, seit kurzem im Besitz der Stadt sich befindenden Gartens ist eines der Vorzeigeobjekte der städtischen Gartendenkmalpflege. *Zollikerstrasse 128, Tram/S18/Bus: Hegibachplatz*

PARKS/FRIEDHÖFE

Nicht nur ist Zürich eine grüne Stadt – jeder Baum, der gefällt werden muß, wird ersetzt –, die Stadt ist auch umgeben von viel Wald und verfügt über einige sehr schöne Parkanlagen.

Belvoirpark (E 5)

Die Lage – nur durch Straße, Eisenbahn und Seeaufschüttungen vom See getrennt –, der freie Blick auf die Alpen und der durch ihren Begründer Heinrich Escher angelegte, exotische Baumbestand machen aus dieser Grünanlage einen prächtigen Erholungsraum. 1901 wurde er in einer spektakulären Rettungsaktion – unter anderem verkaufte man 11 000 qm zwecks Mittelbeschaffung – vor der Überbauung gerettet, später mit dem benachbarten Schneeligut und dem Iris- und Tagliliengarten vereinigt. In der *Escher-Villa* ist heute die *Hotelfachschule* mit Restaurant und wunderbarer ✻ *Terrasse* untergebracht. *Tram: Billoweg*

Botanischer Garten (G 5)

Auf einem Moränenhügel oberhalb des Seefeldquartiers befindet sich der neue, 50 000 qm große Botanische Garten der Universität mit drei mitten im Grünen situierten Glaskuppeln, die als beeindruckende Schauhäuser dienen. Das *Botanische Museum* der Universität mit seinen rund 1,5 Millionen Pflanzen aus aller Welt kann dort ebenfalls besucht werden. *Parkanlagen im Sommer: Mo–Fr 7–19, Sa/So 8–18, im Winter: Mo–Fr 8–18, Sa/So 8–17 Uhr. Schauhäuser tgl. 9.30–11.30, 13–16 Uhr, Zollikerstrasse 107, Tram/Bus: Hegibachplatz*

China-Garten (G 6)

Der erst 1994 eröffnete, 52 mal 64 m große kaiserliche Garten ist ein Geschenk der chinesischen Schwesterstadt Kunming an die Stadt Zürich. Dieser Original chinesische, von chinesischen Landschaftsarchitekten erbaute Ort der Ruhe ist schnell zu einer Publikumsattraktion geworden. *Tgl. 11–19, Do bis 22, Sa ab 7 Uhr, Eintritt: sfr 4.–, Bellerivestrasse, Tram: Fröhlichstrasse*

Friedhof Fluntern (H 2)

Für Bildungsreisende auf den Spuren von James Joyce ist der Friedhof Fluntern eine wichtige Station, da dort nicht nur sein Grab, sondern auch eine bekannte Statue des in Gedanken versunkenen Schriftstellers zu finden ist. *Zürichbergstrasse 189, Tram: Zoo*

Friedhof Sihlfeld (C 3)

Der Friedhof Sihlfeld als eine der größten zusammenhängenden Grünflächen der Stadt wird von vielen in der Nachbarschaft quasi als Naherholungsgebiet genutzt. Auf dem ehemaligen Zentralfriedhof, der nach streng geometrischen Grundsätzen parkähnlich angelegt wurde, liegen viele berühmte Persönlichkeiten begraben, darunter der Schriftsteller Walter Mehring, der Zürcher Dichter Gottfried Keller, die »Heidi«-Autorin Johanna Spyri, der Sozialist August Bebel. *Aemtlerstrasse 151, Tram: Krematorium Sihlfeld*

Park zur Katz (N 4)

Der ehemalige botanische Garten, 1837 auf den Resten des Katzbollwerks angelegt, ist eine idyllische Oase mitten in der geschäftigen Innenstadt. Ein Gewächshaus in Eisen-Glas-Konstruktion und der vielfältige, beschilderte Baum- und Pflanzenbestand erinnern noch an

Sie muten außerirdisch an, die Gewächshäuser im Botanischen Garten

seine alte Bestimmung. Am Rande des Parks steht das *Völkerkundemuseum* (siehe Museen).
Tram: Sihlstrasse/Selnau

Platzspitz (O–P 1)

Hinter dem *Landesmuseum* tut sich der Platzspitz auf, begrenzt durch den Zusammenfluß von Limmat und Sihl. Berühmt wurde die Halbinsel als sogenannter »Needle-Park«, wo sich die größte offene Drogenszene Europas niederließ. Nach Schließung des Platzspitzes 1992, Vertreibung der Drogenszene limmatabwärts und totaler Sanierung ist er gegenwärtig tagsüber wieder geöffnet. Seine Schönheit beruht auf der teilweise barocken Anlage, dem mächtigen Baumbestand, einem Musikpavillon und dem Wegnetz, das anläßlich der ersten Landesausstellung angelegt wurde.
Tram: Bahnhofplatz/Bahnhofquai

Quaianlagen

★ In der ersten Hälfte des 19. Jhs. drängte die sich vergrößernde Stadt vehement über die Befestigungsanlagen hinaus. Der Stadtrat trug sich schon bald mit dem Gedanken, das Gebiet in Richtung See besser zu nutzen und eine Quaistrasse zu erstellen. Nach heftigen Debatten wurde schließlich 1882 unter der Leitung des früheren Stadtingenieurs Arnold Bürkli der Bau der Quaianlagen vom *Hafen Enge* (E 5) bis zum schräg gegenüberliegenden *Hafen Riesbach* (G 6) in Angriff genommen. Der vom Abriß der Befestigungsanlagen anfallende Bauschutt wurde dazu verwendet, das Seebecken aufzuschütten. Das monumentale Unterfangen verschlang das städtische Steuereinkommen eines ganzen Jahres und

konnte 1887 abgeschlossen werden. Praktisch das gesamte Ufergelände des Sees mit Ausnahme der beiden Restaurants – *Sixty One* und *Fischerstube* – ist auch heute noch unverbaut und frei zugänglich, bewachsen mit riesigen Bäumen oder blühendem Rhododendron. An schönen Tagen im Sommer und an sonnigen auch im Winter tummelt sich halb Zürich in diesen Anlagen.

Zürichhorn (F 6)

Die rechtsufrige Quaianlage vom Bellevue-Platz bis zu der augenfällig in den See hinausragenden Landzunge, dem Zürichhorn, wird auch als *Kunstmeile* (F 4–G 6) bezeichnet. Diverse Skulpturen und Reliefs sind auf einem Spaziergang zu entdecken: das berühmte »Sheep Piece« von Henry Moore, eine Bronzeplastik beim Hafen Riesbach, und die ratternd und quietschend sich zweimal pro Tag bewegende Eisenplastik »Heureka« von Jean Tinguely, die von einem Mäzen der Stadt geschenkt, erst nach langem Hin und Her an diesem Platz geduldet wurde. Zürich tut sich allgemein schwer mit geschenkter Kunst, wurde doch einige Jahre lang ein Platz für den Sol-Le-Witt-Kubus gesucht und nicht gefunden. Auf dem Weg zum Zürichhorn kommt man auch an aufsehenerregenden neuen Bauwerken vorbei: Das auffälligste ist wohl die *Alupyramide* des Architekten Dahinden, in der heute eine Privatklinik untergebracht ist. Kurz nach dem Hafen Riesbach stehen die *Villa Egli* und die neoklassizistische *Villa Bloch,* die heute das *Museum Bellerive* beherbergt. Die Mauer daneben schmückt der

»Bacchantenzug«, ein freizügiges Marmorfries, das vor der Zerstörung an seinem Ursprungsort gerettet werden konnte. Anschließend folgt die große *Blatterwiese,* an deren Rand das *Centre Le Corbusier* und seit neuestem der *Chinagarten* zu finden sind.

Viele Wege und Wiesen laden ein zum Spazierengehen, Verweilen und sommers zum Baden. Beim *Casino Zürichhorn,* kurz vor dem Seebad Tiefenbrunnen, findet jeweils im Juli das Open-air-Kino statt (siehe Zürcher Kalender).

PLÄTZE

Bellevue   (P-Q 5)
Als rechtsufriger Kopf der Quaibrücke gehört der Bellevueplatz ganz dem Verkehr. Nahebei ist das Literaten-Café *Odéon* und die berühmte *Kronenhalle.* Auf der angrenzenden *Sechseläutenwiese* gastiert der Nationalzirkus Knie, und am »Sechseläuten« wird der »Böögg« verbrannt (siehe Zürcher Kalender).

Bürkliplatz   (P 5)
Benannt nach seinem Erbauer, dem Stadtingenieur Arnold Bürkli, stellt dieser Platz das Zentrum der Quaianlagen dar. Gemeinsam mit der zurückversetzten, der Nationalbank vorgelagerten Stadthausanlage bildete er ursprünglich eine Einheit und gleichzeitig den Abschluß der Bahnhofstrasse. Heute trennt leider der Individualverkehr den Platz von der Stadthausanlage, auf der samstags im Sommer ein großer *Floh- und Antiquitätenmarkt* stattfindet, dienstags und freitags ist *Markt. Beim Bürkliplatz starten alle Seerundfahrten.*

Hirschenplatz   (P 3)
Mitten im Niederdorf tut sich sozusagen als Herz des Vergnügungsviertels der autofreie Hirschenplatz auf, umgeben von Kneipen, Boutiquen, Kinos. Lassen Sie sich an einem warmen Abend von den vielen Menschen mitziehen, die auf der den Hirschenplatz überquerenden Niederdorfstrasse auf und ab flanieren, und nehmen Sie Teil am Open-air-Schauspiel der Gaukler und Straßenmusikantinnen.

Napfplatz   (P 3)
★ Enge Gäßchen führen zu diesem autofreien Plätzchen, das einen guten Eindruck davon vermittelt, wie Zürich im Mittelalter gestaltet war. Beherrscht wird der Platz vom *Brunnenturm,* einem mittelalterlichen Wohnturm von stattlicher Höhe, der im 19. Jh. als Armenschule diente, die auch der Zürcher Schriftsteller Gottfried Keller besuchte. Wie das zu- und hergegangen sein mag, davon kann man sich auf der hübschen Terrasse des *Restaurants Turm* vielleicht ein Bild machen. *Tram/Bus: Neumarkt*

Rosenhof   (P 3)
★ ‡ Wie ein Innenhof öffnet sich etwas unterhalb des Hirschenplatzes der Rosenhof, der durch Auskernung des alten Häuserbestandes entstanden und nur durch enge Gäßchen und Tordurchfahrten erreichbar ist. Donnerstags und samstags nimmt er den *Kuriositätenmarkt* auf, an den übrigen Tagen ist er – vor allem im Sommer und am Abend – von massenhaft Jungvolk in Beschlag genommen. Auf allen vier Seiten des Platzes sorgen Restaurants, Cafés und Bars für das leibliche

Markt auf dem Rosenhof: viel Selbstgemachtes, Schmuck, Leder, Kleidung

Wohl. Der wohl belebteste und interessanteste Platz Zürichs. *Tram: Rudolf-Brun-Brücke*

Sonderfahrten abends auf dem Fondue- oder Tanz-Schiff. Tram: Bürkliplatz

SCHIFFSFAHRTEN

Limmatschiffe
Die niedrigen Boote befahren als öffentliche Verkehrsmittel die Limmat vom Landesmuseum (**F 3**) bis ins untere Seebecken.

Raddampfer   (**P 5**)
Ein ganz besonderes Erlebnis sind Rundfahrten auf einem der beiden restaurierten Schaufelraddampfer »Stadt Rapperswil« und »Stadt Zürich«. *Mitte Juni–Mitte Aug. 10.30 und 14 Uhr am Bürkliplatz. Tram: Bürkliplatz*

Schiffsrundfahrten   (**P 5**)
Die Rundfahrten mit den Schiffen der Zürichsee-Schiffahrtsgesellschaft gehören unbedingt zu einem Stadtbesuch dazu. *April bis Okt. ab Bürkliplatz. Kleine (1,5 Std.) und große (4–5 Std.) Rundfahrten,*

STADTRUNDFAHRTEN/ -RUNDGÄNGE

Frauen-Stadtrundgang
Einmal monatlich oder auf Anfrage speziell für Frauen. *Infos bei: Frauenbuchladen, Tel. 202 62 74, Buchhandlung Klio, Tel. 251 42 12*

Sightseeing
»Zurich Excursions« führt regelmäßig Touren durch. Start beim Hauptbahnhof: *Spaziergang durch die Altstadt (2 Std., sfr 18.–),* zu Fuß zu den schönsten Plätzen. *Sehenswertes Zürich (2 Std., sfr 29.–):* Diese Fahrt führt durch das Geschäfts- und Einkaufszentrum, in die Altstadt und entlang des Sees. *Zürich und Umgebung (2,5 Std., sfr 37.–):* Diese Tour durch das alte und neue Zürich schließt eine Seilbahnfahrt auf die Felsenegg mit ein, zurück mit den Schiff. *City-*

rama (2,5 Std., sfr 35.–): Nach der Besichtigung Zürichs führt die Fahrt zur Rosenstadt Rapperswil, mit Rosengarten und Schloß. Gegen einen Aufpreis Rückfahrt mit dem Schiff. Es werden auch diverse Tagesausflüge zu Sehenswürdigkeiten der näheren und weiteren Umgebung Zürichs – zum Beispiel zum Jungfraujoch (3475 m ü. M.) – angeboten. Reservierungen im Hotel oder beim Verkehrsbüro.

Verein Stattreisen Zürich

Thematische Rundgänge in bekannte und verkannte Quartiere. Im Zentrum steht dabei die Stadt als Lebensraum: Geschichte, Entwicklung und die Menschen, die darin leben. *Jeden Sa, Auskunft: Tel. 36405 04*

STRASSEN UND GASSEN

Augustinergasse   (O 3)

Von der Bahnhofstrasse führt die malerische Gasse via Münzplatz zur idyllischen *St. Peterhofstatt.* Im Haus *Zur Reblaube,* heute ein gutes Restaurant, wohnte im 18. Jh. der Philosoph, Theologe und Physiognomiker Johann Kaspar Lavater (1741–1801), der dort auch von seinem Freund Goethe besucht wurde. Die Augustinergasse zeichnet sich aus durch etliche geschnitzte Erker an museumswürdig renovierten Häusern aus dem 17. und 18. Jh.

Bahnhofstrasse   (O 2–P 5)

Als Fröschengraben war dieser Straßenzug zwischen Paradeplatz und Bahnhof einst Teil der mittelalterlichen Wehranlagen. Nach Schleifung und Zuschüttung derselben baute 1868 der Fotograf Ganz an der noch öden Straße das erste Wohn- und Geschäftshaus und wurde prompt für verrückt gehalten. Die Bebauung in Richtung Bahnhof schritt jedoch rasch voran. Die Bahnhofstrasse ist 1,2 km lang, nach dem Vorbild französischer Boulevards gestaltet und mit 200 Linden gesäumt. Anziehend wirken nicht nur die 180 Geschäfte und die 2500 Laufmeter Schaufensterauslagen, sondern auch die architektonische Eleganz als Folge eines strengen Baugesetzes, das zusammenhängende Häuserreihen mit einer einheitlichen Höhe von 18 Metern vorschrieb. Die Bahnhofstrasse ist eines der teuersten Pflaster Europas mit Mietpreisen bis zu sfr 3000 pro qm und Jahr. Mit Ausnahme eines kleinen Teils zwischen Urania- und Sihlstrasse und oberhalb des Paradeplatzes verkehrt auf der Goldmeile nur das Tram.

Vom Bahnhof her kommend, stößt man nach dem eleganten *St. Gotthard-Hotel* rechterhand auf die *Pestalozziwiese.* Weil hier früher Schwerverbrecher hingerichtet wurden, konnte sie nie verkauft werden, und so beschloß die Stadt schließlich, sie als Anlage für die Bürger mit dem Standbild des berühmten Pädagogen frei zu lassen.

Etwas weiter aufwärts trifft man auf einen prächtigen Jugendstilbau, heute das *Kaufhaus Vilan.* Leicht zurückversetzt steht das *Warenhaus Jelmoli,* ursprünglich Zürichs erster Eisen- und Glaspalast, eine Pionierleistung. Schräg gegenüber bemerkenswerte Neubauten wie das *Omega-Haus* oder das *Spielwarenhaus Franz Carl Weber.* Ein weiteres Jugendstilgeviert folgt rechterhand mit dem *Warenhaus St. Annahof,* bis 1912 Standort einer kleinen Kapelle und eines Friedhofes. Anfangs der *Pelikanstrasse* dann die aus schweren Marmorquadern bestehende Rauminstallation des Konstruktivisten Max Bill. Je mehr man sich dem Paradeplatz nähert, desto mehr häufen sich Geschäftssitze von Banken. Am *Paradeplatz* selbst, dem Herzstück der Bahnhofstrasse, haben zwei der drei Schweizer Großbanken ihren Hauptsitz. Die feingliedrige, aber monumentale Fassade der *Kreditanstalt* beherrscht den Platz, unter dessen Pflaster tonnenweise Gold und in Abertausenden von Schließfächern Dinge von unvorstellbarem Wert lagern. Östlich wird der Paradeplatz begrenzt vom rekonstruierten Fünf-Sterne-Hotel *Savoy,* südlich die weltberühmte *Confiserie Sprüngli.* Weiter Richtung See linkerhand der Zentralhof, der über einen ruhigen Innenhof mit plätschern-

dem Gußeisenbrunnen und Bestuhlung vor dem Café Strozzi's verfügt. Im Anschluß gleich nochmals ein schöner Hof, der *Kappelerhof.* Gegenüber der Neubau der *Zürcher Kantonalbank* mit dem mächtigen eisernen Rhinozeros vor dem Eingang. Den Abschluß machen linkerhand der mächtige, zum See ausgerichtete Komplex der *Schweizerischen Nationalbank* und schließlich der *Bürkliplatz.*

Limmatquai (P 2–5)

Ursprünglich stand die unterste Häuserzeile des Niederdorfes direkt an der Limmat. Gestiegene Mobilitäts- und Verkehrsbedürfnisse waren die Ursache für den Ausbau der Uferstrasse vom Central- bis zum Bellevue-Platz, die so der ehemaligen Haupt- und heutigen Niederdorf- und Oberdorfstrasse als Einkaufsstrasse den Rang ablief. Bis 1949 standen diverse Häuser – alte

Auf eine Schale und ein Birchermüsli ins Café, zum Beispiel am Limmatquai

Handwerksbetriebe, Korn-, Pulver- und Papiermühlen – an und in der Limmat. Um vom Bahnhof aus schon die neue Einkaufsstraße erblicken zu können, wurden die interessanten Bauten im Fluß abgerissen. Einzig Rathaus, Helmhaus und Wasserkirche blieben verschont.

Neumarkt / Rindermarkt (P–Q 3)

★ Dieser Straßenzug ist ein schöner Einstieg in das Niederdorf und zeichnet sich aus durch eine Vielzahl mittelalterlicher Häuser, viele kleine Läden, Boutiquen, Secondhandshops, Restaurants wie die *Bauernschänke* oder das *Zunfthaus zum Neumarkt* mit seinem schönen Garten. Ebenfalls hier zu Hause ist das experimentierfreudige *Theater am Neumarkt*. Die von den Neu- oder Rindermarkt wegführenden *Prediger- und Froschaugassen* gehören zu den idyllischsten Altstadtgassen, wo viele alte Handwerksbetriebe und kleine Geschäfte ihre Auslagen präsentieren.

Oberdorf (P–Q 4)

★ Hinter dem Grossmünster liegt ein verträumter Teil der Altstadt: das Oberdorf mit Trittli-, Franken-, Schlosser- und Neustadtgasse. Hier reihen sich verwinkelte Häuser, oft datiert aus dem 16. Jh., mit Terrässchen und Gärtchen aneinander, man hört nur Vogelgezwitscher und das Plätschern der Brunnen. In der biedermeierlichen Atmosphäre haben sich Architekten, Geigenbauer, Uhrmacher, aber auch Galerien niedergelassen.

Wühre und Schipfe (P 3–4)

〰 Zusammen bilden die beiden Uferwege links der Limmat eine enge, teils unter tiefen Arkaden geführte Verbindung vom Fraumünster bis zur Uraniastrasse. An guten Cafés, kleinen Geschäften und alten Handwerksläden vorbeikommend, erhält man nicht nur einen Eindruck mittelalterlicher Enge, sondern der Weg gewährt auch reizvolle Ausblicke auf das Niederdorf. An der Wühre stehen barocke Bauten, enge Gäßchen schaffen Verbindungen zur Storchengasse. Die Schipfe, ehemaliger Umschlagplatz zwischen See- und Flußschiffahrt, ist geprägt durch hohe, meist aus dem 16. Jh. stammende Gebäude am Steilabhang des Lindenhofs.

ZOO

Zoologischer Garten (H 2)

★ Der Zürcher Zoo ist zu Weltruhm gelangt, weil sein früherer Direktor Hediger als Verhaltensforscher wichtige Erkenntnisse über Tiere in Gefangenschaft gewann und daraus tiergerechte Gehege entwickelte. Das großzügige Affenhaus wird den neuesten Erkenntnissen der Tierforschung gerecht, und dessen Insassen bieten Unterhaltung für Stunden. Wunderschön am Stadtrand und halb im Wald gelegen, zählt der Zürcher Zoo auch heute mit seinen 2500 Tieren in 400 Arten aus fünf Kontinenten zu den wichtigsten Zoos Europas. *Tgl. 8–18, im Winter bis 17 Uhr, Zürichbergstrasse 221, Tram: Zoo*

ZUNFTHÄUSER

Die Zünfte oder Innungen der Handwerker bestimmten seit dem Staatsstreich unter der Füh-

Die Marco Polo Bitte

Marco Polo war der erste Weltreisende. Er reiste in friedlicher Absicht, verband Ost und West. Er wollte die Welt entdecken, fremde Kulturen kennenlernen, nicht zerstören. Könnte er für uns Reisende des 20. Jahrhunderts nicht Vorbild sein? Aufgeschlossen und friedlich sollte unsere Haltung in anderen Ländern sein. Dazu gehören auch Respekt vor Mensch und Tier und die Bewahrung der Umwelt.

rung des Ritters Rudolf Brun im 14. Jh. fünf Jahrhunderte lang das politische Leben Zürichs. Jede Zunft verfügt über ihr Stammhaus, wo nicht nur die Geselligkeit gepflegt wurde, sondern auch wichtige politische Entscheidungen fielen. Heute beherbergen die meisten der Zunfthäuser Restaurants der gehobenen Kategorie, die einen Besuch lohnen – sei's wegen der sehr guten Küche, sei's wegen des reichen, museumswürdigen Interieurs.

Zunfthaus zur Meisen   (P 4)

Im Stil eines barocken Stadtpalais mit kleinem Ehrenhof 1757 nach französischem Vorbild gebaut, bildet das stattliche Haus gleich die erste Ausnahme: Es verfügt über kein Restaurant. Dafür repräsentiert es die kulturelle Hochblüte der Stadt zu jener Zeit. Das Innere des Zunfthauses der Weinbauern, ausgestattet mit feinstem zürcherischem Rokoko, wartet mit herrlichen Stukkaturen und Öfen auf. Hier ist die *Porzellansammlung* des *Schweizerischen Landesmuseums* untergebracht. Auf der Seite des Münsterhofes, den es östlich begrenzt, hielt Churchill 1946 auf dem Balkon seine berühmte Europa-Rede. Eine eingelassene Gedenktafel

im Boden vor dem schmiedeeisernen Tor erinnert daran. *Münsterhof 20, Tram: Rathaus*

Zunfthaus zum Rüden   (P 4)

Eins nach dem anderen reihen sich die Zunfthäuser am Limmatquai, wovon der Rüden vielleicht der eindrücklichste ist. Bis zum Ausbau des Limmatquais stand dieses spätgotische, auf Arkaden gebaute Gesellschaftshaus, das den Patriziern als Lokal diente, direkt an der Limmat und machte damit dem Rathaus schräg gegenüber als damaligem Regierungssitz Konkurrenz. Eine Konstellation mit einiger politischer Brisanz. Der Speisesaal, eine gotische Stube mit einer geschnitzten Holzdecke, ist sehenswert. *Limmatquai 42, Tram: Rathaus*

Zunfthaus zur Zimmerleuten

Auf den mächtigen mittelalterlichen Arkaden erhebt sich neben dem Zunfthaus zum Rüden ein weiterer Bau in der Limmatquai-Reihe, der klassizistische Elemente zeigt und mit Zunftsälen aufwartet, deren Fenstersäulen mit reichen Ornamenten des Barock verziert sind. Vom *Restaurant* genießt man einen schönen Ausblick auf die Limmat. *Limmatquai 40, Tram: Rathaus*

Zwei Stunden im Museum

Das Kunsthaus wartet mit Prunkstücken auf,
und die Ausstellungen außereuropäischer Kunst
im Museum Rietberg sind einmalig

Um die Jahrhundertwende gab es im geistig und kulturell sehr regen Zürich erst wenige feste Ausstellungen oder gar Museen. Große Teile des beweglichen Kulturgutes aus Kirchen und anderen Baudenkmälern fielen den reformatorischen Bilderstürmen im 15./16. Jh. zum Opfer. Erst gegen Mitte des vergangenen Jahrhunderts begann das künstlerische Leben unter dem Einfluß politischer Flüchtlinge aus Rußland und Deutschland wieder aufzublühen.

Eine wichtige Kunstströmung ging in den dreißiger Jahren unseres Jahrhunderts von der Kunstgewerbeschule, der heutigen Schule für Gestaltung, aus. Namen wie Johannes Itten, Max Bill, Leo Leuppi und Richard P. Lohse standen nicht nur für die hohe Qualität der an diesem Lehrinstitut produzierten Graphik, sondern begründeten auch die Zürcher Schule der Konkreten Malerei, die von Zürich aus weltweit schulbildend wirkte und heute in der Stiftung für konstruktive und konkrete Kunst zu sehen ist.

Rund vierzig Museen können heute in Zürich dank staatlicher Subventionen und Spenden aus der Wirtschaft überleben. In vielen Museen braucht man keinen Eintritt zu bezahlen. Kostet's etwas, bewegt sich der Preis je nach Ausstellung zwischen sfr 3.– und 10.–. Die meisten bieten regelmäßige Führungen an (dem »züri-tip« oder der Tagespresse zu entnehmen).

Rollstuhlgängige Museen werden mit dem Zusatz behindertengerecht gekennzeichnet.

Haus für konstruktive und konkrete Kunst (G 6)

★ ☉ Erst seit 1986 besitzt die Heimatstadt der ersten Konstruktivisten ein Museum, das den Vertretern der Zürcher Schule der Konkreten Malerei die Ehre erweist, die ihnen gebührt. *Di–Fr 14–17, Sa/So 10 bis 17 Uhr oder auf tel. Anmeldung, behindertengerecht, Seefeldstrasse 317, Tel. 381 38 08, Tram: Tiefenbrunnen*

Das Landesmuseum dokumentiert die Entwicklung der Eidgenossenschaft und regt zum Nachdenken über den Standort Europa an

Indianermuseum (L 1)

★ ⚐ Gut 1400 Gegenstände der Indianer Nordamerikas wie Kleider, Schmuck, Decken, Masken oder Kultgegenstände sind in diesem in Westeuropa einzigartigen Museum ausgestellt, das zudem einen reichillustrierten Katalog (sfr 30.–) verkauft. Führungen für Gehörgeschädigte und Blinde nach Vereinbarung. *Mi, Fr und Sa 14–17, Do 17–20, So 10–13 Uhr, Feldstrasse 89, Tram/Bus: Hohlstrasse*

James-Joyce-Stiftung (O 3)

Einige Zeit seines Lebens verbrachte der irische Schriftsteller James Joyce in Zürich, verfaßte einen großen Teil seines berühmten Werkes »Ulysses« hier und liegt nach seinem Tod 1941 auf dem Zürcher Friedhof Fluntern begraben. Der Zürcher Joyce-Forscher Fritz Senn hat seine umfangreiche Sammlung an Sekundärliteratur und Joyce-Reliquien in die James-Joyce-Stiftung eingebracht, die nun im 2. Stock des Strauhofs untergebracht ist. *Di–So 10–18, Do bis 21 Uhr, Augustinergasse 9, Tram: Rennweg*

Johann-Jacobs-Museum (F 5)

★ Der Konzernherr selbst, dessen Firmensitz gleich nebenan liegt, stiftete seine private Sammlung, um damit ein Museum zu gründen, das den Beitrag des Kaffees zur europäischen Kulturgeschichte dokumentiert. In einer Villa am Seefeldquai machen Porzellan, Silber, Graphiken und Gemälde den Einfluß des Kaffeegenusses auf das kulturelle und gesellschaftliche Leben des 17. und 18. Jhs. deutlich. *Führungen jeden 2. und 4. Mi des Monats um*

MARCO POLO TIPS FÜR MUSEEN

1 Haus für konstruktive und konkrete Kunst
Am Geburtsort des Konstruktivismus ein Muß (Seite 35)

2 Indianermuseum
Einmalig in Europa, mit schönem Katalog (Seite 36)

3 Johann-Jacobs-Museum
Interessante Kulturgeschichte des Kaffees (Seite 36)

4 Kunsthalle
Jung, innovativ, modern, erfolgreich (Seite 37)

5 Kunsthaus
Meditieren mit Monets Seerosenbildern (Seite 37)

6 Museum für Gestaltung
Mehr als 200 000 Plakate, hervorragende Ausstellungen (Seite 38)

7 Museum der Zeitmessung Beyer
Alle Arten Uhren: von der Sonnenuhr bis zur Swatch (Seite 39)

8 Städtische Sukkulentensammlung
25 000 stachlige und saftspeichernde Pflanzen (Seite 40)

9 Zürcher Spielzeugmuseum
Schöne, heute unbezahlbare Stücke vergangener Zeiten (Seite 41)

Für jeden etwas: Das Kunsthaus wartet mit einem riesigen Spektrum auf

19 Uhr. Fr/Sa 14–17, So 10–17 Uhr, *Seefeldquai 17, Tel. 388 61 51, Tram: Seefeldquai 17*

Kunsthalle (E 2)

★ Voraussichtlich bis Ende Februar 1996 befindet sich die Kunsthalle noch in der *Hardturmstrasse, Tram: Förlibuckstrasse* (**D 1**)**,** ab März 96 dann gemeinsam mit anderen Galerien in einer ehemaligen Brauerei, dem Löwenbräu-Areal, das sich als Teil des westlichen Industriequartiers langsam, aber sicher zu einem neuen Zentrum für Dienstleistungen, Technoparks und Kultur(-konsum) wandelt. Allein der Lokalität wegen lohnt sich ein Besuch, doch auch die Arbeit der Kunsthalle-Kuratoren ist sehenswert. Das Wirtschaftsmagazin »Capital« zählt das junge Kunstinstitut bereits zu den sechzig besten der Welt. Gezeigt werden in den schönen, durch Oberlicht erhellten Fabrikräumen vor allem Schweizer Premieren inter-

nationaler Gegenwartskunst mit Schwerpunkt auf Einzelpräsentationen. *Di–Fr 12–18, Sa/So 11 bis 17 Uhr, Eintritt: sfr 4.–, Limmatstrasse 264, Tram: Dammweg*

Kunsthaus (Q 4)

★ Das 1910 eröffnete Kunsthaus erfreut sich dank einer Reihe hervorragender Ausstellungen zeitgenössischer Kunst eines sehr guten internationalen Rufes. Es beherbergt derart viele Kunstschätze, daß man ziemlich genau wissen muß, was man sehen will, und sich am besten für eine der verschiedenen Sammlungen entscheidet: Alte Meister gehören mit mittelalterlicher Plastik und Tafelmalerei sowie Gemälden des niederländischen und italienischen Barock zum Kunsthaus-Schatz. Schweizer Kunst des 18. und 19. Jhs. ist zu sehen, und die »Zürcher Konkreten« des 20. Jhs. sind mit Bill, Lohse, Glarner, Graeser und Loewensberg vertreten. Mit gut hundert Werken

Ferdinand Hodlers kann das Kunsthaus auftrumpfen, ein Bestand, der eigentlich für ein separates Hodler-Museum ausreichte. Die Kunst dieses Jahrhunderts dominieren aber Werke von Vallotton, Amiet oder den Brüdern Augusto und Giovanni Giacometti. Die Internationale Moderne seit dem Impressionismus wird von wichtigen Werkgruppen von Monet, der Nabis-Gruppe, Munch über Kokoschka, Picasso, Chagall bis Rodin und Giacometti repräsentiert. Ein Seerosentriptichon Monets im sogenannten Seerosensaal ist allein einen Besuch wert.

Das *Graphische Kabinett* beherbergt ein bedeutendes Dada-Archiv, und durch die Stiftung für Fotografie erhält man einen guten Einblick in das Schaffen inländischer Fotografen wie Bischof, Staub, Burri. *Führungen siehe Tagespresse. Sonderführungen nach Vereinbarung. Di–Do 10–21, Fr bis So 10–17 Uhr, behindertengerecht, Heimplatz 1, Tel. 251 67 55/65, Tram/Bus: Kunsthaus*

Mühle Tiefenbrunnen   (G 6)

Die am Stadtrand gelegene ehemalige Mühle Tiefenbrunnen, 1890 als Brauerei im Schlößchenstil und als typischer Nahrungsmittelindustriebau der Belle Époque erbaut, ist nicht mehr, was sie einmal war, sondern: schickes Kulturzentrum mit Restaurant, Galerie, Ateliers sowie Heimat von Werbern und Modemacherinnen. In der eigentlichen, bis 1983 betriebenen und heute noch funktionierenden Mühle läßt sich über vier Etagen der Weg vom Korn bis zum Mehl verfolgen. Aktuelle und historische Bezüge zur Müllerei sind dokumentiert: Getreideanbau und -handel, Vorsorge und Lagerung, Mühlengewerbe, Ernährung, Hunger und Überfluß. Sonderausstellungen. *Di–Sa 14–17, So 13.30–18 Uhr, Seefeldstrasse 231, Tram/S7: Tiefenbrunnen*

Museum Bellerive   (F 6)

Die das Museum beherbergende, 1931 erbaute Villa liegt prächtig am Rande der Quaianlagen beim Zürichhorn. Das Museum für Gestaltung zeigt darin Teile seiner Kunstgewerbesammlung, der größten und bedeutendsten der Schweiz. Von antikem Glas, Seidengeweben und Musikinstrumenten aus der Renaissance über eindrucksvolle Sammlungen an Keramik, Textilien, Metall, Möbel aus der Jugendstilepoche, Künstlerkeramik, textilen Objekten, Tapisserien des 20. Jhs. bis hin zu Volks- und Gebrauchskunst: Mode, Accessoires, Bauerntöpferei. Aktuelle Ausstellungen mit Picasso, Miró, Tàpies, Tiffany u. a. *Im Sommer jeden, sonst jeden 1. und 3. Mi Führungen um 19 Uhr. Di–So 10 bis 17, Mi–21 Uhr, Höschgasse 3, Tram: Höschgasse*

Museum für Gestaltung   (E 2)

★ Das Museum, 1930 eröffnet und architektonisches Denkmal dieser Zeit, zeigt äußerst interessante und sehr gut präsentierte Ausstellungen zu den Bereichen Umweltgestaltung, Design, visuelle Kommunikation und ästhetische Erziehung. Daneben verfügt es über umfangreiche Sammlungen von Plakaten, graphischen Arbeiten, Design und eine bedeutende Bibliothek. *Di–Fr 10 bis 18, Mi bis 21, Sa/So bis 17 Uhr, Tel. 271 67 00, Tram: Museum für Gestaltung*

Kontrast: außereuropäische Kunst in der neoklassizistischen Villa Wesendonck

Museum Rietberg (E 5)

Am nördlichen Ende des sehenswerten *Rieterparks* liegt die *Villa Wesendonck,* der größere Teil des Museums Rietberg. In der neoklassizistischen Villa, 1857 im Auftrag des deutschen Kaufmannes Otto Wesendonck erbaut, verkehrten im 19. Jh. Musiker und Literaten, die Villa war ein kultureller Mittelpunkt der Stadt. Auch Richard Wagner verlebte hier einige kreative Jahre. Nachdem die Stadt Zürich von Baron Eduard von der Heydt dessen einzigartige, damals über Museen ganz Europas verstreute Sammlung chinesischer, indischer und afrikanischer Kunst geschenkt bekam, wurde die Villa in ein Museum für außereuropäische Kunst verwandelt. Zu sehen sind Kostbarkeiten und sorgfältig ausgewählte Beispiele des Kunstschaffens ausgewählter Länder sowie eine Sammlung Schweizer Masken. In der 150 m entfernten, renovierten *Park-Villa Rieter* sind Malereien zu besichtigen. *Di–So*

10–17 Uhr, Villa Rieter: Di–Sa 13–17, So ab 10 Uhr, behindertengerecht, Gablerstrasse 15, Tram: Museum Rietberg

Als Dependance dient das *Haus zum Kiel* (Q 4) im Stadtinnern, in dessen schön renovierten Rokokozimmern mit klassizistischen Stukkaturen Teile der Sammlung gezeigt werden. *Di–Fr 14–19, Do–21, Sa/So 10 bis 17 Uhr, Hirschengraben 20, Tram/Bus: Kunsthaus*

Museum der Zeitmessung Beyer (O 4)

★ Diese Zusammenstellung von Zeitmeßinstrumenten seit vorchristlichen Epochen ist dem Uhren- und Bijouteriegeschäft Beyer zu verdanken. Zu sehen sind Schattenstäbe, Sonnen-, Öl-, Sand- und Wasseruhren, Eisen- und Schweizer Holzräderuhren, Uhren aus der Zeit Ludwigs XIV. bis zum Empire, Marine-Uhren und Navigationsinstrumente. Im Land der Uhrmacher einen Gang wert. *Mo–Fr 10–12, 14–16 Uhr, im*

Tiefparterre des Uhrengeschäftes Beyer, Bahnhofstrasse 31, Tram: Paradeplatz

Schweizerisches Landesmuseum (O–P 1)

Auf der Nordseite des Hauptbahnhofes prangt der imposante, historisierende Repräsentationsbau des Landesmuseums, dessen Zweck sich seit seiner Eröffnung 1889 nicht verändert hat: Aufzeigen der kulturellen Vielfalt des Landes und Dokumentation der Schweizer Geschichte von der Altsteinzeit bis zur letzten Jahrhundertwende. Es übt die Funktion eines Nationalmuseums aus und gehört der Schweizerischen Eidgenossenschaft. Schwerpunkte der umfangreichen Sammlung sind Ur- und Frühgeschichte der Schweiz, vorromanische und romanische kirchliche Kunst, Glasmalerei, Mobiliar des 15.–18. Jhs., Keramik, Waffen, zahlreiche Textilien. Reichhaltige, in den verfügbaren Räumen nicht zu zeigende Spezialsammlungen sowie auf Voranmeldung zugängliche Kataloge und Fotosammlungen machen den Ruf des Museums aus. *Di, Do 18 Uhr einstündige, kostenlose Führungen. Di bis So 10–17 Uhr geöffnet, behindertengerecht. Wegen Renovierung sind immer wieder Teile des Museums geschlossen. Museumsstrasse 2, Tram: Bahnhofquai*

Shedhalle (O)

Eingebettet in das alternative *Kulturzentrum Rote Fabrik,* präsentiert das Kuratorenteam der Shedhalle einen Ausstellungsbetrieb mit dem Schwerpunkt auf junger internationaler und Schweizer Kunst. Dank der Lage direkt am See, der In-Kneipe *Ziegel oh Lac* im gleichen Gebäudeteil und des architektonisch interessanten Fabrikgebäudes wird der Besuch der Shedhalle zum multikulturellen Ausflug *Di–Fr 14–20, Sa/So 14–17 Uhr, behindertengerecht, Seestrasse 395, Tram: Post Wollishofen, Bus: Rote Fabrik oder mit dem Schiff bis Wollishofen*

Städtische Sukkulentensammlung (E 6)

★ Fährt man auf der Seestrasse stadtauswärts, steht linkerhand, kurz vor der Badeanstalt Mythenquai, eine Gruppe übergroßer Kakteen aus Eisen, still vor sich hinrostend. Dahinter befindet sich in zwei Gewächshäusern die weltweit einzigartige Sammlung sukkulenter, das heißt saftspeichernder Pflanzen aus den Trockengebieten der ganzen Welt. 25 000 Kakteen, Agaven, Aloe, sogenannte »lebende Steine«, Wolfsmilchgewächse und Sukkulenten aus vielen anderen Pflanzenfamilien warten darauf, besichtigt zu werden. Zur Sammlung gehört ein Herbarium, eine Sammlung dauerhaft konservierter Pflanzen, und eine mehr als 10 000 Muster umfassende Samensammlung. Jeweils *Mi 14–16 Uhr* werden *Auskünfte* erteilt und *Beratungsgespräche* für Sukkulentenfans geführt. *Tgl. 9 bis 11.30, 13.30–16.30 Uhr, behindertengerecht, Mythenquai 88, Tram: Brunaustrasse/Bus: Landiwiese*

Stiftung Sammlung E. G. Bührle (G 6)

Der Bührle-Konzern wurde in der Schweiz gerne als Waffenschmiede beschimpft. Der 1956 verstorbene Patron Emil G. Bührle investierte aber auch in Kunst und hat seit den dreißiger

Jahren eine eine gut 200 Werke umfassende Sammlung europäischer Kunst zusammengetragen, deren Pflege 1960 einer Stiftung übertragen wurde. Das Gewicht liegt auf der französischen Malerei, insbesondere Impressionisten. Werkgruppen von Delacroix, Courbet, Manet, Degas, Renoir, Cézanne, Toulouse-Lautrec, Gauguin und van Gogh. Auch die Sammlung neuerer Malerei, zum Beispiel Picasso, kann mit jedem Museum konkurrieren. Die Sammlung ist auch bei den Einheimischen noch ein Geheimtip. *Di und Fr 14–17, Mi 17–20 Uhr, Zollikerstrasse 172, Tram: Wildbachstrasse*

Thomas-Mann-Archiv (Q 3)
Vor und nach dem Zweiten Weltkrieg bis zu seinem Tod 1955 lebte der Schriftsteller Thomas Mann in Zürich. Sein Kilchberger Arbeitszimmer, seine Bibliothek, Dokumente und Literatur über Leben und Werk sind in diesem kleinen Museum erhalten geblieben. Schöne Lage am Abhang unterhalb der Universität. *Mi und Sa 14–16 Uhr oder nach tel. Vereinbarung, Schönberggasse 15, Tram: ETH Zentrum, Kantonsschule*

Völkerkundemuseum der Universität Zürich (N 4)
Das Völkerkundemuseum befindet sich am Rande des *Parks zur Katz,* des ehemaligen Botanischen Gartens, einer äußerst idyllischen, grünen Oase mitten in der Stadt. Es widmet sich der Erforschung und Darstellung von meist außereuropäischen Kulturen, ihrer Religionen, ihrer Kunst, ihres Handwerks und des gesellschaftlichen Lebens. Eine bis drei Ausstellungen pro Jahr vermitteln starke Eindrücke von Leben und Sein der gezeigten Kulturen. Die Sammlung konzentriert sich auf Schwarzafrika, Äthiopien, die Himalaja-Länder und Tibet, Indonesien, Ozeanien, präkolumbisches Nord-, Mittel- und Südamerika. *Di–Fr 10–13, 14–17, Sa 14–17, So 11 bis 17 Uhr, behindertengerecht, Pelikanstrasse 40, Tram: Sihlstrasse*

Wohnmuseum Bärengasse/ Puppenmuseum (O 4)
Die Häuser *Zum Schanzenhof* und *Zur Weltkugel* wurden – abbruchbedroht – 1972 um 60 m verschoben und zum Museum ausgebaut, das nun einen Eindruck zürcherischer Wohnkultur von der Spätrenaissance bis in die Zeit des Biedermeiers (ca. 1650 bis 1840) vermittelt. Im Untergeschoß ist das *Puppenmuseum Sascha Morgenthaler* einquartiert, das eine Sammlung von Puppen der begabten Kunstgewerblerin sowie einen rekonstruierten Arbeitstisch zeigt. *Di–Fr 10–12, 14–17, Sa, So 10–12, 14–16, So bis 17 Uhr, Bärengasse 22, Tram: Paradeplatz*

Zürcher Spielzeugmuseum (O 3)
★ Was heute im Zeitalter des Plastiks nicht mehr zu bezahlen wäre, ist in dieser Sammlung des Spielwarenhauses Franz Carl Weber zu besichtigen: Spielwaren aus ganz Europa vom Ende des 18. Jhs. bis Anfang des 20. Jhs. Dazu gehören Puppen mit Zubehör, Puppenstuben, Kaufläden, Kochherde, Eisenbahnen, optisches und mechanisches Spielzeug, Dampfmaschinen, Zinnfiguren, Holzspielzeug, Kinderbücher, Spiele. *Mo–Fr 14–17, Sa 13–16 Uhr, Fortunagasse 15, Tram: Rennweg*

Wohin gehen wir essen?

Über 1300 Restaurants, ein hohes Niveau an Eßkultur, nebst Schweizer Spitzenköchen diverse fremdländische Lokale

Schweizer und Schweizerinnen sind im allgemeinen fleißig und frühaufstehend. Deshalb nimmt schon das Frühstück oder der *Zmorge* nicht nur sonntags breiten Raum ein. Gegessen wird Brot, das es in den Bäckereien in beinahe unübersichtlicher Vielfalt zu kaufen gibt. Darauf kommt im Land der Kühe Butter, Käse und/oder Marmelade. Viele Einheimische haben die Hauptmahlzeit auf den Abend verlegt und sitzen dann oft den ganzen Abend plaudernd, essend und trinkend zusammen.

Immer mehr Lokale bemühen sich, einem Trend oder auch gesteigertem Bewußtsein gehorchend, vegetarische oder biologische Kost anzubieten. Doch käme es einem Versäumnis gleich, nicht auch der gehaltvollen Küche des Landes zu frönen: Ein *Züri-Geschnätzlets mit Röschti* (Kalbsgeschnetzeltes mit geriebenen und gebratenen Kartoffeln, am edelsten in der *Kronenhalle*) ist *die* Zürcher Spezialität. Ebenso typisch, aber eher aus der Mode sind *Leberli* oder *Kutteln mit Röschti* oder *Kalbskopf, Wädli* (Schweinshaxe), *Schwartenmagen,* Gerichte, die in immer weniger Lokalen angeboten werden *(Bierhalle Kropf).*

Is(s)t man in der Schweiz, sollte man es nicht verpassen, sich den Käsespezialitäten hinzugeben: dem *Käsefondue* (von franz. *fromage fondu,* geschmolzener Käse) oder dem *Raclette.* Beim Fondue wird eine meist als Geheimnis gehütete Käsemischung mit Weißwein und etwas Kirschwasser zum Schmelzen und in flüssig-sämigem Zustand im Fondue-Caquelon (Topf) auf den

Die Kronenhalle: Der Ruf ist legendär, die berühmten Gemälde im schönen Inneren sind echt

Restaurantkategorien

Kategorie 1: über sfr 60.–
Kategorie 2: sfr 35,– bis 60.–
Kategorie 3: unter sfr 35.–

Als Basis dient ein Essen mit Vor- und Nachspeise für eine Person ohne Getränke.

Tisch gebracht. Mit einem Stück Weißbrot, auf eine lange Gabel gespießt, rührt man fleißig in der Käsesauce und holt sich so seine Portion *(Pinte Vaudoise, Le Dézaley)*. Ebenfalls heiß kommt der Käse beim *Raclette* daher. Ein halber Laib wird in eine Vorrichtung gespannt, über dem Feuer oder Grill geröstet und jeweils die oberste Schicht auf den Teller geschabt. Dazu gibt es Pellkartoffeln, eingelegte Gürkchen und Zwiebelchen, manchmal auch Schinken *(Walliser Keller)*.

Profanere Gelüste können mit *Hörnli* und *Gehacktem* befriedigt werden, wer's mag, ißt dazu Apfelmus *(Rheinfelder Bierhalle)*. *Schweinshaxen* oder *Cordon bleu* gehören auch auf die Speisekarte des gut-schweizerischen Restaurants, wohingegen Wirte, die was auf sich halten, Fische aus dem nahen Zürichsee auf den Tisch bringen: *Egli (Barsche), Forellen, Felchen*. Meerfische und -früchte findet man eher selten – in einigen darauf spezialisierten Restaurants an der Bahnhofstrasse *(La Bouillabaisse, Brasserie Lipp)*.

Getränke

Die Schweiz ist ein erstklassiges Weinland, exzellente rote wachsen an den Sonnenhängen genauso wie delikate weiße Tropfen. Die *Weißen* werden gerne zum Aperitif getrunken, natürlich auch zu den diversen Fischgerichten oder den Käsespezialitäten wie Fondue oder Raclette, zu dem einfach ein *Walliser Fendant* oder ein *Aigle* gehört. Das Spek-

MARCO POLO TIPS FÜR RESTAURANTS

1 Back & Brau
Selbstgebrautes Bier und Gebackenes mit Malzschrot (Seite 55)

2 Schober
Die heiße Schokolade ist legendär, das Lokal ein Bijou (Seite 47)

3 Eulenspiegel
Küche, Service, Atmosphäre, alles stimmt (Seite 56)

4 Hiltl Vegi
Beste vegetarische Küche, nicht erst seit dem Ökotrend (Seite 57)

5 Kronenhalle
Zürcher Institution, mit Originalen großer Künstler an den Wänden (Seite 52)

6 Bierhalle Kropf
Uraltspezialitäten in Jugendstildekor (Seite 51)

7 Le Lyonnais
Dezente französische Küche einmal anders (Seite 49)

8 Reithalle
Das zweite Zuhause für viele Nachtschwärmer (Seite 56)

9 Walliser Keller
Raclette vom Laib geschabt, wie es sich gehört (Seite 54)

10 White Elephant
Bestes Thai food, vor allem Meeresfrüchte, in stilgerechter Atmosphäre (Seite 49)

trum der *roten Weine,* heißen sie nun *Dôle* oder *Gamay,* reicht vom erdig schweren bis zum fruchtig leichten Tropfen. Sie sind von hervorragender Qualität.

Trotz des relativ rauhen Klimas gedeihen in der gesamten Ostschweiz, ebenso rund um Zürich, die sogenannten *Beerli-Weine,* Tropfen aus handverlesenen Trauben mit besonderem Charakter und tiefer Färbung. Beliebt sind auch die *Blauburgunderweine* wie der leichte, fruchtige, hellrote *Clevner* oder die weißen *Riesling x Sylvaner* und ein *Müller-Thurgau,* die beide an den Sonnenhängen des Zürichbergs und Hönggs, eines Zürcher Außenquartiers, wachsen.

Viele dieser Weine werden in den Restaurants offen ausgeschenkt. Praktisch jedes Restaurant verfügt über eine Karte mit Flaschenweinen unterschiedlichen Umfanges, einzelne Wirte haben sich einen Sport daraus gemacht, ihre Tropfen selber auszusuchen und/oder zu importieren. Die Flaschenweine sind meistens ziemlich teuer. Am besten läßt man sich beraten. Generöse Wirtsleute offerieren Unentschlossenen gar ein Gläschen zur Probe *(Zum Grünen Glas).*

In einem Alpenland gibt es natürlich diverse Quellen für Mineralwasser bester Qualität, eines der besten – *Aqui* – kommt direkt aus dem Zürcher Untergrund. In verschiedenen In-Lokalen wird das Modegetränk Wasser aus beinah exotischen Quellen serviert.

Bier gibt es überall. In den meisten Restaurants wird es offen als sogenannte *Stange,* ein 0,3-Liter-Glas, ausgeschenkt. Für den größeren Durst gibt's das *Große* (0,5 Liter). Biere ortsansässiger

Brauereien dominieren, in den letzten Jahren boomen jedoch die Importbiere: Es ist schick geworden, mexikanisches oder amerikanisches Bier zu trinken. Einzelne Wirte kreieren sogar eigene Sorten: In der Bar *El Internaçional* (und anderswo) gibt es ein *Vollmond-Bier,* das ausschließlich in Vollmondnächten von einer kleinen Brauerei im Kanton Appenzell gebraut wird. Oder die Braustube ist gleich dem Restaurant angeschlossen, zu sehen beim trendigen *Back & Brau.*

Nebst Bier ist ein weiteres Volksgetränk der Kaffee. Herr und Frau Schweizer trinken meist schon zum Frühstück eine Tasse Kaffee aus dunkel gerösteten Bohnen mit viel Milch, im Kaffeehaus bekannt unter dem Namen *Schale.* Nach Mittag- oder Abendessen wird ein *Espresso* nach italienischer Art getrunken, wobei dazu – der Italiener würde sich die Haare raufen – oft eine Portion Kaffeesahne serviert wird, genauso wie zum häufig in Arbeitspausen genossenen, etwas weniger starken *Kaffee crème* (mit Kaffeesahne).

Öffnungszeiten

In Restaurants und Hotels kann meistens *bis 10 Uhr gefrühstückt* werden. Das *Mittagessen* wird zwischen *12 und 13 Uhr,* spätestens *bis 14 Uhr* eingenommen. *Abends* haben die Küchen meist *bis 22 Uhr,* in selteneren Fällen *bis 23 Uhr* geöffnet. Wer später noch etwas Warmes in den Magen bekommen will, muß eines der Restaurants finden, die über Mitternacht hinaus offenhalten und denen gesetzlich vorgeschrieben ist, bis kurz vor Torschluß etwas Warmes anzubieten.

Die nachfolgend angeführten Öffnungszeiten sagen etwas über die Möglichkeit aus, sich warm zu verpflegen, wenn sie in zwei Blöcken (Mittag und Abend) aufgeführt sind. Die Lokale sind aber zwischendurch und meistens auch bis zur Sperrstunde geöffnet. Wer in einem ganz bestimmten Restaurant essen möchte, sollte vorher anrufen und reservieren.

Wie gut die einzelnen Lokale für Behinderte zugänglich sind, läßt sich einem detaillierten *Restaurantführer* entnehmen, herausgegeben von der Behindertenkonferenz des Kantons Zürich, *Gasometerstr. 9, 8005 Zürich, Tel. 272 70 76.* Es werden auch telefonische Auskünfte erteilt.

T = Terrasse

Zwar kennt man in Zürich keine Kaffeehauskultur wie in Wien, auch keine Kaffee-und-Kuchen-Kultur wie in Deutschland, trotzdem gibt es in dieser Stadt einige nette Cafés meist in schöner Lage. Allen ist gemeinsam, daß sie keinen Alkohol ausschenken.

Aquarium (T) **(P 2)**

Zwei Stockwerke in klassisch-gediegenem Kaffeehausstil, der Punkt auf dem i ist die Terrasse im 3. Stock, wo man Eis hoch über der Limmatquai-Hektik genießt. *So–Do 6.30–23, Fr/Sa bis 24 Uhr, Limmatquai 104, Tram/Bus: Central*

Das Original sollte man hier probieren: köstliche Pralinen und Kuchen

Honold (T)   (O 3)

Eine der ganz großen Confiserien der Stadt, zwar etwas teurer, aber das Birchermüsli ist himmlisch. *Mo–Fr 7.30–18.30, Sa bis 17 Uhr, Rennweg 53, Tram: Rennweg*

Rathaus (T)   (P 3)

In postmodernem Tempelchen direkt an der Limmat, mit hübscher Terrasse und gutem Ausblick aufs Publikum des gegenüberliegenden *Gran Cafés*. Salate, Eis. *Mo–Fr 7–20, Sa ab 8, So 9 bis 19.30 Uhr, Limmatquai 61, Tram: Rathaus*

Regenbogen (T)   (P 3)

⚤ In-Café mit groovigem Musikteppich, kreative, auch vegetarische Küche, Baguettes, Desserts. Die Terrasse ist Teil des starkfrequentierten Rosenhofes. Es soll Leute geben, die darauf den ganzen Sommer verbringen. *Mo–Mi 11.30–22, Do–Sa bis 24, So 15–22 Uhr, Tram: Rathaus*

Schober (T)   (P 3)

★ Etwas kitschig, aber sehr gemütlich, berühmt für die hausgemachte heiße Schokolade und die exzellenten Gipfeli (süße Hörnchen). Geeignet für verliebte Frühstücke (bis 13 Uhr) mit hausgemachter Konfitüre. Neuerdings auch After-Party-Treff. Der angrenzende Laden bietet eine Riesenauswahl an Schokolade und Zuckerbäckereien für groß und klein. *Mo–Fr 8–18.30, Sa bis 16.30, So 9–19.30 Uhr, Napfgasse 4, Tram: Rathaus*

Sprüngli (T)   (O 4)

Das klassisch-traditionelle Café am Paradeplatz, das dank seiner Schokoladen, Pralinen und der Lage Weltruhm genießt. Legen-

där ist der Konditorzmorge, ein besonderes Frühstück, dessen feine Backwaren die Frühstückfans zu Begeisterungsstürmen hinreißen. *Mo–Fr 7.30–18.30, Sa bis 17.30 Uhr, Paradeplatz, Tram: Paradeplatz*

St. Gotthard (T)   (O 2)

Nostalgische, sehr gediegene Kaffeehausatmosphäre mit viel Marmor. Und sobald einige wärmende Sonnenstrahlen die Bahnhofstrasse erreichen, lassen sich vom Boulevardstuhl aus bestens die Flanierenden beobachten. *Tgl. 11–23.30 Uhr, Bahnhofstrasse 87, Tram: Bahnhofstrasse*

Teehaus No   (O 3)

Die vom Bahnhofstrassenbummel müden Füße bei einem Tee sich erholen lassen. Die Teeauswahl ist riesig. *Mo–Fr 6.30–20, Do bis 22, Sa bis 17 Uhr, Kuttelgasse 7, Tram: Rennweg*

Walthi   (P 4)

Wunderbare Crêpes für zwischendurch, für Spätaufsteher Frühstück den ganzen Tag, Sa und So mit selbstgebackenem Butterzopf! *Mo–Sa 9–23, So 10–23 Uhr, Schottelgasse 3, Tram: Rathaus*

Wühre (T)   (P 4)

An schönen Sommermorgen ist ein freier Tisch auf dem nur für Fußgänger zugänglichen Vorplatz mit seiner herrlichen Sicht auf das gegenüberliegende Niederdorf Mangelware. Guter Cappuccino. *Mo–Fr 7–18.30, Sa, So 9–17 Uhr, Tram: Rathaus*

Zähringer   (P 3)

Eines der wenigen Kollektive, das sich aus den politisch bewegten Zeiten der achtziger Jahre hinübergerettet hat und nicht nur mit guten, gesunden und vielfältigen Morgenessen von sich reden macht, sondern auch keinen Konsumationszwang kennt, jeden Mittwochabend Kultur im Café präsentiert und es neuerdings Samstag und Sonntag auf die Nachtschwärmer abgesehen hat. Zudem sind sommers die Plätze vor dem Café die interessantesten zum Leutegucken und Entspannen. *Di–Fr 6.30–24, Sa, So ab 5 Uhr, Zähringerplatz 11, Tram: Rudolf-Brun-Brücke*

Bis vor kurzem rühmte sich noch jedes zweite Restaurant (»Beiz«) einer traditionell schweizerischen Küche. In den letzten Jahren hat die Restaurantszene, nicht zuletzt dank der vielen Eingewanderten, einiges an Profil und Vielfalt gewonnen. Innovative Restaurateure hatten jedoch wegen behördlicher Schikanen keinen leichten Stand, so daß es bei der Vergabe von Bewilligungen zu südlichen Verhältnissen

Im gemütlichen Niederdorf gibt es zahlreiche Kneipen für durstige Kehlen

kam: Wer als Wirt Neues bewegen wollte, bekam den Rat, »den Huber zu pflegen«. Der Chefbeamte Huber, beim kantonalen Wirtschaftsamt für die Vergabe zuständig, ist seit einiger Zeit seines Amtes enthoben und in erster Instanz zu einer Gefängnisstrafe verurteilt worden – genauso wie einige Wirte, die ihn »gepflegt« hatten.

AMERIKANISCH

California (T)   (G 5)
Die Atmosphäre ist genauso amerikanisch wie die Gerichte auf der Speisekarte. *Tgl. 11.30–14, 18.15–22.45 Uhr, Asylstrasse 125, Tel. 381 56 80, Kategorie 2, Tram: Hölderlinstrasse*

Iroquois (T)   (G 4)
🕴 Amerikanisch-mexikanisch in Outfit und Speisen, europäisch präsentiert. Ein neues In-Lokal im Seefeldquartier, das langsam zum Gourmetbezirk avanciert. *Tgl. 7–24, Sa/So ab 9 Uhr, Seefeldstrasse 120, Tel. 383 70 77, Kategorie 3, Tram: Höschgasse*

ASIATISCH

Hongkong (T)   (F 5)
Seit 1958 besteht es, zu den bewährten Gastroinstitutionen Zürichs gehört es, und einen gehobenen Service pflegt es. *Tgl. 11 bis 24 Uhr, Seefeldstrasse 60, Tel. 251 82 02/251 74 37, Kategorie 2, Tram: Kreuzstrasse*

Korea Pavillon   (C 3)
Lupenreine koreanische Küche in einem an koreanische Bauten erinnernden Pavillon. Scampi mit Chili für hartgesottene Scharfessende! Mi Buffet à discretion.

Tgl. 11.30–14.30; 18–23 Uhr, Badenerstrasse 457, Tel. 492 33 82, Kategorie 2, Tram: Letzigraben

Fujiya of Japan   (N 6)
Erstklassiges Japanlokal, schlicht eingerichtet. Die Speisen werden am Tisch zubereitet. *Di–Sa 11.30 bis 14, 18–23 Uhr, Tessinerplatz 5, Tel. 201 11 55, Kategorie 1, Tram: Tessinerplatz*

White Elephant   (P 1)
★ Thailändisches Restaurant der Extraklasse, im *Hotel Zürich*. Gutes Sea food, scharf zubereitet. Je nach Schärfe werden die Gerichte mit einem bis drei Elephanten gekennzeichnet. *Di–So 11.30–14, 18–22 Uhr, Neumühlequai 42, Tel. 363 63 73, Kategorie 1/2, Tram: Stampfenbachplatz*

FRANZÖSISCH

Brasserie Lipp   (O 3)
Große, nuancenreiche Auswahl an französischen Köstlichkeiten, von Bouillabaisse bis *choucroute* (Sauerkraut). Renoviert und eleganter als das Pariser Original, ist dieses Lokal ziemlich in. Vor allem weil man zum Apéro den Lift zur *Jules-Verne-Bar* nehmen kann, wo eine herrliche Rundsicht über die gesamte Stadt zu genießen ist. *Tgl. 11.45–23.30 Uhr, Uraniastrasse 9, Tel. 211 11 55, Kategorie 2/3, Tram: Rennweg*

Le Lyonnais   (N 1)
★ Vorzügliche Spezialitäten aus der Gegend von Lyon werden in französischer Bistroatmosphäre auf angenehm unaufdringliche Art serviert. Gute französische Weine. *Mo–Fr 6–24, Sa ab 18 Uhr, Konradstrasse 39, Tel. 271 10 70, Kategorie 2/3, Tram: Sihlquai*

Marroni

Während der Wintermonate werden auf verschiedenen Plätzen heiße Marroni feilgeboten. Die Edelkastanie, die sich hinter dem Übernamen Marroni versteckt, stammt ursprünglich aus der Sonnenstube der Schweiz, dem Tessin, und wird, seit die dortigen Kastanienwälder nicht mehr rentabel bewirtschaftet werden können, aus Italien importiert. Die Früchte gilt es dann zu ritzen, auf Holzkohle zu rösten und in kleinen Tüten an den Mann und die Frau zu bringen. Was nicht allzu schwerfällt, da der kleine Imbiß sehr gut schmeckt und die kalten Finger aufzuwärmen vermag.

Mère Cathérine (T) (P 4)

Für ein Tête-à-tête mit sieben Gängen bietet sich die schicke Galerie an. *Tgl. 11.30–23 Uhr, Nägelihof 3, Tel. 262 22 50, Kategorie 2, Tram: Rathaus*

Zum Grünen Glas (T) (Q 3)

❂ Gediegenes, neu in französischer Manier gestyltes Lokal, wo man locker und gut bedient wird und sich übers Essen freuen darf. *Mo–Sa 12–14, 18.15–22 Uhr, Untere Zäune 15, Tel. 251 65 04, Kategorie 2, Tram/Bus: Neumarkt*

GRIECHISCH

Syrtaki (T) (M 3)

Man wähnt sich fast in Griechenland, Tsatziki und Souvlaki sind ausgezeichnet, das Lamm schon fast ein Gedicht. *Mo–Sa 11.30–14, 17.30–23 Uhr, Werdstrasse 66, Tel. 242 53 59, Kategorie 2/3, Tram: Stauffacher*

INDISCH

Maharaja (G 6)

Nord- und westindische Küche mit (scharfen) Fischgerichten. Angenehmes Ambiente. *Mo–Fr 11–14, 18–22.30, Sa/So 18–10.30 Uhr, Weststrasse 180, Tel. 462 62 85, Kategorie 2/3, Tram: Lochergut*

Ravi's Indian Cuisine (E 1)

Indien total, vom Dekor über die Karte bis zum Personal, bei dem man besser englisch als deutsch bestellt. *Di–Fr 12–13.30, 18–22 Uhr, Sa nur abends, Rütschistrasse 29, Tel. 361 66 56, Kategorie 2, Bus: Nordbrücke*

ITALIENISCH

Gandria (G 5)

Gemütliches Lokal mit ausgezeichneter italienischer Küche, geprägt von langer Familientradition und Pasta bester Machart. *Mo–Fr 11.45–14.15, 18.30 bis 23.30 Uhr, Rudolfstrasse 6, Kategorie 2, Tel. 422 72 42, Tram: Höschgasse*

Italia (T) (M 2)

❂ Seit Jahrzehnten hat man das Gefühl, praktisch bei Mamma in der Stube zu sitzen. Im Sommer für den lauschigen Garten reservieren. *Mo–Sa 11.30–14, 17.45 bis 22.30 Uhr, Zeughausstrasse 61, Tel. 241 43 39, Kategorie 3, Tram/Bus: Helvetiaplatz*

Cantinetta Antinori (O 3)

Feines Lokal mit bester italienischer Küche, kleine Köstlichkeiten. *Tgl. 11.30–13.45, 18 bis 21.45 Uhr, Augustinergasse 25, Tel. 211 72 10, Tram: Rennweg*

Spaghetti Factory Rosenhof (**P 3**)

⚹ Trendiges In-Lokal mit eleganter Bar, das lebt und pulsiert. Schöne, etwas zu sehr auf alt gestylte Halle mit echtem Dresdener Glas in den hohen Rundbogenfenstern. Die Spaghetti sind zwar nicht besser als anderswo, dafür aber wirklich günstig. *Tgl. 10–24 Uhr, Niederdorfstrasse 5, Tel. 251 94 00, Kategorie 3, Tram: Rudolf-Brun-Brücke*

MEXIKANISCH

Tres Kilos (**T**)　　　　　(**G 6**)

⚹ Total in, immer aufgestellte Stimmung. Rebengedeckter Garten (bis 22 Uhr). Mexikanische Spezialitäten und Drinks. *Tgl. 12–14.30, 18.30–24 Uhr, Dufourstrasse 175, Tel. 422 02 33, Kategorie 3, Tram: Fröhlichstrasse*

SCHWEIZER KÜCHE

Bauernschänke　　　　　(**P 3**)

✪ Erst kürzlich wieder zur beschaulichen Quartierbeiz zurückverwandelt, überrascht die Bauernschänke mit einer modernen, vielfältigen Karte, die für fast jeden Gusto und Geldbeutel etwas zu bieten hat. Charmante Bedienung. *Mo–Sa 11.30–13.30, 18–22 Uhr, Rindermarkt 24, Tel. 262 41 30, Kategorie 3, Tram/Bus: Neumarkt*

Bauschänzli (**T**)　　　　(**P 5**)

✪ Größte Terrasse der Stadt. Unter schattenspendenden Bäumen kann man »wähnschafte« Schweizer Küche und an warmen Abenden (samstags und sonntags auch am Nachmittag) Live-Musik (Geschmackssache) genießen. *1. Mai–Mitte Okt. bei schönem Wetter tgl. 11.30–24 Uhr,*

Stadthausquai 2, Tel. 212 49 19, Kategorie 3, Tram: Bürkliplatz

Belvoirpark (**T**)　　　　(**E 5**)

Ein Vergnügen der besonderen Art, handelt es sich doch um die Ausbildungsstätte der Hotelfachschule. Exzellente Menüs werden von angehenden Profis natürlich mit der angemessenen Sorgfalt gekocht und serviert. Dazu lädt der traumhafte Park rund ums Haus zum Lustwandeln ein. *Di–Sa 11.45–14, 18 bis 22 Uhr, Seestrasse 125, Tel. 202 10 54, Kategorie 2/3, Tram: Museum Rietberg* (E 5)

Bierhalle Kropf (**T**)　　　(**O 4**)

★ Handfeste schweizerische Küche (Wädli, Kutteln, Kalbskopf) in beeindruckendem Jugendstildekor und unter einer Decke, für deren umfassende Betrachtung es einiger Biere bedarf. Schöne Terrasse mitten in der Altstadt. *Mo bis Sa 11–21.30 Uhr, In Gassen 16, Tel. 221 18 05, Kategorie 2/3, Tram: Paradeplatz*

Hauptbahnhof　　　　(**O 1–2**)

Im Bahnhof sind unter einem Dach zehn verschiedene Restaurants untergebracht. Sie gehören mit knapp 1500 Sitzplätzen und 355 Mitarbeiterinnen und Mitarbeitern zu den größten Gaststätten Europas und bieten vom erstklassigen *Au Premier* im 1. Stock mit Sicht auf die Bahnhofstrasse über das 338 Plätze große *Bistro Les Arcades* bis zum klitzekleinen *Café* im Untergeschoß für fast jedes Bedürfnis, sei es nun gediegen oder rustikal, den passenden Rahmen. Sogar über einen kleinen Garten in einem Innenhof – gleich einer grünen Oase in der Bahnhofhektik – verfügt dieser vielseitige »Verköstigungspalast«. *Au Premier, Tgl. 8–23 Uhr, Kategorie 2, Bistro, Les Arcades, Café und Bar, 6–23 Uhr, Kategorie 3, Bistro, 11–23.30, Le Café, 7–23 Uhr, Kategorie 3, Tel. (alle Lokale) 211 15 10*

Hotel Sonnenberg (T)　　(H 4)

🔼 Gutbürgliches Restaurant der gehobeneren Art mit großer Terrasse ohne Eßzwang und Blick auf das von dieser Seite erstaunlich grüne Zürich. *Tgl. 11.30 bis 23.30 Uhr, Aurorastrasse 98, Tel. 262 00 62, Kategorie 3, Tram: Klusplatz*

Hotel Zürichberg (T)　　(H 3)

🔼 Vom Zürcher Frauenverein geführte, alkoholfreie Gaststätte, wo gesunder Genuß in stilvoller Atmosphäre großgeschrieben wird. Im schön renovierten Althaus kann man den Köchen in den zwei Restaurants sozusagen in den Topf schauen. Außerdem locken draußen eine Terrasse und ein Garten mit Blick auf die Alpen. *Tgl. 6.30–24 Uhr, Orellistrasse 21, Tel. 252 38 48, Kategorie 2–3, Tram: Zoo*

Kronenhalle　　(Q 5)

★ ⚙ War Stammlokal für die oberen Zehntausend und Prominententreffpunkt mit unspektakulärer Speisekarte und spektakulären Preisen. Heute zeigt sich das Publikum etwas durchmischter. Die Qualität hängt aber vor allem an den Wänden in Form diverser Originale großer Künstler wie Chagall, Kandinsky, Miró und Varlin. Eine Zürcher Gastro-Institution mit viel Atmosphäre und Geschichte, die man besucht haben muß. *Tgl. 12–23.30 Uhr, Rämistrasse 4, Tel. 251 66 69, Kategorie 1, Tram: Bellevue*

Le Dézaley (T)　　(P 4)

Bestes Fondue im Winter und die berühmten Waadtländer Wurstwaren sommers im versteckten Hinterhofgarten. *Mo–Sa 11.30–14, 17.30–23 Uhr, Römergasse 7–9, Tel. 2 51 61 29, Kategorie 2, Tram: Helmhaus*

Neue Waid　　(O)

🔼 Auf dem Käferberg, hoch über dem Limmat-Tal, genießt man, am besten an klaren Föhntagen, einen prächtigen Ausblick über die Stadt Richtung See und Alpengipfel und läßt sich kulinarisch gehoben verwöhnen. *Tgl. 9–23 Uhr, Waidbadstrasse 45, Tel. 271 64 60, Kategorie 2, Bus: Krankenheim Käferberg*

Oepfelchammer　　(P 3)

🏃 Gemäß Legende Stammlokal des Zürcher Hausdichters Gottfried Keller, heute Treff der Aupairs und Studenten. An uralten, mit eingeritzten Namen übersäten Tischen wird vor allem Wein getrunken. *Di–Sa 11.30–13.45 und 18–21.45 Uhr, Rindermarkt 12, Tel. 251 23 36, Kategorie 2–3, Tram/ Bus: Neumarkt*

Pinte Vaudoise　　(Q 4)

Hier kann, wer's nicht lassen kann, sogar im Sommer die berühmten Käsefondues aus verschiedenen Regionen der Schweiz genießen. *Mo–Fr 11–14, 17.30–23 Uhr, Sa nur abends, Kruggasse 4, Tel. 252 60 09, Kategorie 2, Tram: Bellevue*

Rheinfelder Bierhaus　　(P 3)

⚙ Im Volksmund – niemand weiß, wieso – auch »Blutiger Daumen« genannt. Einfache Beiz, vom Säufer über die Studentin bis zum Freak sitzen da alle drin. Hier trifft man sich immer wieder gern auf ein Bier oder auch zwei. Wirklich billige, einheimische Kost, allerdings nicht den höchsten Ansprüchen genügend. *Mo–So 10–23 Uhr, Marktgasse 19, Tel. 251 29 91, Kategorie 3, Tram: Rathaus*

Rosaly's (Q 5)

Das Lokal der modernen Schweizer Küche ohne »Schnipo« (Schnitzel und Pommes frites), dafür mit vegarischen Gerichten und einem gewissen fancy Touch. Renner sind Älplermakronen, Chässpätzli und Apfel-

---

Die Gourmet-Tempel von Zürich

La Bouillabaisse (O 2)

Wer sich einen tollen Fisch leisten will, kann sich hier neben lebenden Artgenossen im Aquarium verschiedene frische Exemplare aus den Weltmeeren servieren lassen. Ab sfr 35,– ist sonntags auch ein günstiges Drei-Gang-Menü erhältlich. *Tgl. 11.30–15, 18.30–23 Uhr, Hotel St. Gotthard, Bahnhofstrasse 87, Tel. 211 83 17, Tram: Bahnhofstrasse*

Königstuhl (T) (P 3)

Im ersten Stock ausgezeichnetes Essen zu zivilen Preisen. Die Qualität endet nicht beim Fleisch, sondern erstreckt sich auf alle Details. Im Weinkeller sind vor allem französische Gewächse vertreten. Das noble Restaurant grenzt mit seiner Parterre-Terrasse an den Rosenhof, den lebendigsten Platz Zürichs. Hauptgerichte ab sfr 34.–. *Tgl. 11.30–14, 18.30–22 Uhr, Stüssihofstatt 3, Tel. 261 76 78, Tram: Rathaus*

L'Hexagone (T) (O 3)

Edelbistro nach Pariser Vorbild mit sehr guter, alle zwei Monate eine andere französische Region berücksichtigender Küche und hervorragend passendem Wein.

Mitten in der Altstadt, ganz in der Nähe der Bahnhofstrasse gelegener, Hinterhofgarten. Hauptgerichte ab sfr 32.–. *Mo–Fr 11.30–14, 18.30 bis 21.45 Uhr, Kuttelgasse 15, Tel. 211 94 11, Tram: Rennweg*

Tübli (R 4)

Die Betreiber verstehen es gut, einem die Leckereien – Frischprodukte vom Meergetier über Lamm bis zu Wachteln – direkt am Tisch mündlich schmackhaft zu machen. Spontane Einfälle werden in exzellenter Manier umgesetzt. Das einst kleine Tübli residiert mittlerweile in den ehemaligen Räumen der legendären Köchin Agnes Amberg selig. sfr 95.– bis 125.–. *Tgl. 12–14, 19–23 Uhr, Hottingerstrasse 5, Tel. 251 26 26, Tram/Bus: Kunsthaus*

Zunfthaus zur Schmiden (P 3)

Die Fachleute setzen dieses schöne Zunftlokal auf die gleich hohe Stufe wie die Kochgöttin Agnes Amberg. Die gutbürgerliche Behäbigkeit kann nicht überraschen, aber was aufgetischt wird, ist exzellent. Hauptgerichte ab sfr 32.–. *Tgl. 11.30–14, 18–22 Uhr, Marktgasse 20, Tel. 251 52 87, Tram: Rathaus*

mus. Über hundert Schweizer Weine aus allen Höhenlagen. *Mo–Fr 11.30–0.30, Sa ab 16, So ab 18 Uhr, Freieckgasse 7, Tel. 261 44 30, Kategorie 3, Tram: Bellevue*

Schützenhaus Albisgüetli (T) (C 6)
Eine gute Adresse am Rand der Stadt mit einer Spezialität: ein sechsgängiges Menü für Verliebte für gut sfr 122.– inklusive Apéro, Wein und Kaffee in gemütlicher Atmosphäre. Schöne Terrasse. *Tgl. 9–24 Uhr, Üetlibergstrasse 341, Tel. 462 05 22, Kategorie 2/3, Tram: Albisgüetli*

Sixty One (T) (E 5)
Das schönste Seerestaurant mit mediterraner Küche, wunderbaren Terrassen, Bar und Disko erreicht man auch mit dem Limmatschiff. *So–Do 11.30–14, 18–2, Fr/Sa bis 4 Uhr, Mythenquai 61, Kategorie 3, Bus: Hafen Enge, Schiff: Engel/Seerestaurant*

Walliser Keller (P 2)
★ Das Raclette, die zweite flüssige Schweizer Käsespezialität besonderer Güte, wird hier von November bis Februar in Originalmanier vom Käselaib abgestrichen. Darf man sich nicht entgehen lassen! *Mo–Fr 11.30–14, 18–23 Uhr, Zähringerstrasse 21, Tel. 251 89 83, Kategorie 3, Tram/Bus: Central*

Weisse Rose (Q 4)
Wohl das kleinste Zürcher Restaurant. Ein wahres Bijou. *Mo–Fr 9.30–0.30, Sa ab 16 Uhr, Torgasse 9, Tel. 251 45 71, Kategorie 3, Tram: Bellevue*

Zum Weissen Kreuz (P 4)
Abenteuerliche Kneipe. Vom Hirschgeweih bis zum General-

Guisan-Porträt hängt fast alles an den Wänden. Kalbsleberli à la Joe und andere währschafte Speisen werden von der langjährigen Servierfrau Blanche mit viel Charme an den Tisch gebracht. *Mo–Fr 11.30–14 und 18–23 Uhr, Rösslisgasse 3, Tel. 252 51 65, Kategorie 3, Tram: Rathaus*

Zur Zimmerleuten (P 4)
Bewährte Zürcher Spezialitäten, sogar Gerichte aus früheren Jahrhunderten mit einer Speisekarte in altem Zürichdeutsch (und in anderen Sprachen). *Mo–Sa 11.30 bis 13.45, 18–21.30 Uhr, Limmatquai 40, Tel. 2 52 08 34, Kategorie 2, Tram: Rathaus*

SPANISCH

Bodega Española (P 4)
Das über hundert Jahre alte Lokal ist aus Zürich nicht wegzudenken. Bauarbeiter gönnen sich hier genauso ihren Rioja wie Millionäre sich an den Tapas gütlich tun. Paella wird frisch auf Steinkohle zubereitet. *Tgl. 10 bis 0.30 Uhr, Münstergasse 15, Tel. 251 23 10, Kategorie 2–3, Tram: Helmhaus*

Ribo (E 2)
Familiär-spanisches, eigentlich katalanisches Lokal, das immer mit den gleichen Menüs aufwartet, die dafür von ausgesuchter Köstlichkeit sind. Señora Ribo steht am Herd, ihre katalanische Creme ist hervorragend. *Mo–Fr 12–13.30, 18–21.30 Uhr, Luisenstrasse 43, Tel. 272 48 64, Kategorie 3, Tram/Bus: Limmatplatz*

Taverna Catalana (T) (O 3)
Ein Kuriosum zeichnet die Taverna aus: Gegen eine Gebühr

von sfr 1.50 können selbst mitgebrachte Speisen verzehrt werden. Die soliden spanischen Gerichte sind nicht zu verachten. *Di–Sa 11.30–14, 18–22 Uhr, Glockengasse 8, Tel. 221 12 62, Kategorie 2–3, Tram: Rennweg*

SZENETREFFS

Alpenrose

◉ Für Zürich ungewohnt hohes Lokal aus der Jahrhundertwende mit schöner Inneneinrichtung aus Holz und einer Sammlung alter Werbeplakate. Schweizerische Leckerbissen von ausgesuchten Lieferanten, spezielle vegetarische Menüs. *Di–Fr 11.30–13.30, 18.30–22, Sa, So 18.30–22 Uhr, Fabrikstrasse 12, Tel. 271 39 19, Kategorie 3, Tram: Quellenstrasse*

Back & Brau   (D 2)

★ Im gleichen Komplex wie das Multiplexkino Cinemax und die Konzerthalle Music Hall hat sich der letzte Schrei des Gastrogewerbes etabliert: Das Bier wird gleich neben dem Restaurant gebraut – ein schmackhafter, ungefilterter und deshalb leicht trüber Saft, auch zum Mitnehmen. In der Art der Mönche wird der Malztreber, ein Brauabfall, Backwaren beigemischt, die ebenfalls im Lokal gebacken werden: würzige Malzschrot-Bagels (Teigkringel), Hefeteigfladen mit Zwiebeln, Speck und Doppelrahm. Und das alles in einem unaufdringlich trendig renovierten Fabrikgebäude in der neuen Kulturoase Züri-West, im Areal der ehemaligen Steinfels-Seifenfabrik. *Mo–Fr 9–24, Sa ab 10, So ab 11 Uhr (mit Open-End-Brunch), Heinrichstrasse, Tel. 271 10 30, Kategorie 3, Tram: Escher-Wyss-Platz*

Blaue Ente (T)   (G 6)

Ein gehobener In-Place der schicken Werbeszene aus dem Seefeld. Das Styling mit weiß gedeckten Tischen, rotem Parkett, alten Sandsteinmauern und viel Aluminium verhilft zu einer edlen Atmosphäre. Guter Service, eine experimentierfreudige Küche und erschwingliche Preise.

Museumswürdige Häuser lohnen den Bummel durch die Augustinergasse

Tgl. 12–23 Uhr, Seefeldstrasse 233, in der alten Mühle Tiefenbrunnen, Tel. 422 77 06, Kategorie 2, Tram/S-Bahn: Bahnhof Tiefenbrunnen

Café Boy   (G 6)

⚥ Sechs Menüs im Multikulti-Kreis 4, für Liebhaber gut ausgesuchter Weine. *So–Fr 12–14, 18.30–22.30 Uhr, Sihlfeldstrasse, Tel. 241 51 40, Kategorie 3, Tram: Lochergut*

Eulenspiegel (T)   (E 1)

★ In gelungen neuem Styling gilt es, zwischen 32 verschiedenen Biersorten auszuwählen und eine vorzügliche vegetarische und vollwertige Küche, aber auch Kaninchen in Holundersauce und andere Kreationen zu genießen. Solide Weinkarte, auch offene Bioweine. Zwei bis dreimal monatlich Soul-, Funk- oder Jazzkonzerte. *Mo–Fr 11.30–13.30, 18–24 Uhr, Sa nur abends, Lägernstrasse 37, Tel. 361 07 07, Kategorie 2–3, Bus: Lägernstrasse*

Franziskaner (T)   (P 3)

◉ Lebhaftes, relativ preisgünstiges Restaurant mit durchmischtem, eher jungem Publikum. Schönes Interieur mit Art-déco-Elementen. *Mo–Fr 7–24, Sa, So ab 8 Uhr, Niederdorfstr. 1, Tel. 252 01 20, Kategorie 2–3, Tram: Rathaus*

Idaburg (T)   (D 4)

Lauschiges Gärtchen in stillem Wohnquartier, meist ausgebucht, intime Atmosphäre mit nettem Service, kleine Karte mit vegetarischen Varianten. *Mo–Fr 12 bis 13.30, 18–22 Uhr, Gertrudstrasse 44, Tel. 451 18 42, Kategorie 2–3, Tram: Lochergut, Bus: Bertastrasse*

Kaufleuten (T)   (O 3)

🚶 Sehen und gesehen werden ist fast alles. Nebst Restaurant, dessen Küche nicht über alles gelobt wird, verfügt der Komplex auch über einen großen Saal, wo regelmäßig Konzerte, Partys, Modeschauen oder auch gediegene Tafelrunden stattfinden. *Tgl. 11.30 bis 2, Sa bis 4, So 18–4, Bar ab 9 Uhr, Küche bis 1 Uhr, Sa/So bis 3 Uhr, Pelikanplatz, Tel. 221 15 06, Kategorie 2–3, Tram: Sihlstrasse*

Kreis 6 (T)   (F 2)

Zwei gemütliche Gärten mitten in gediegenem Wohnquartier mit raffinierter Küche und Profiservice. Geschmackvolles Ambiente, gute Preise. Reservieren! *Mo–Fr 11.30–14.30, 18–22.30 Uhr, Sa nur abends, Scheuchzerstrasse 65, Tel. 362 80 06, Kategorie 2, Tram/Bus: Rigiplatz*

Latino (T)   (F 5)

🚶 Ein schönes In-Restaurant, frequentiert von ebensolchem Publikum aus Werbung und Journalismus. Der sizilianische Koch sorgt für gutes italienisches Futter. *Mo–Fr 11.30–14, 18.30 bis 22.15 Uhr, Sa nur abends, Seegartenstrasse 14, Tel. 383 40 43, Kategorie 2, Tram: Kreuzstrasse*

Movie   (P 2)

🚶 Für Filmfans ist das in Bahnhofsnähe, gleich hinter dem Kino ABC gelegene Lokal einen Gang wert: Total auf Hollywood gestylt, die Speisekarte auf einer Filmbüchse, die Gerichte tragen Namen aus der Filmgeschichte, und das Interieur ist vollgestopft mit Filmutensilien. *Tgl. 11–2 Uhr, Bahnhofquai 7, Tel. 211 66 77, Kategorie 3, Tram: Bahnhofquai/Bahnhofplatz*

Reithalle (T)   (N 3)

★ ◉ Der zum Restaurant umgebaute ehemalige Stall ist zur zweiten Stube vieler geworden. Mit dem gleichnamigen Theaterhaus gekoppelt und immer voll von diskutierenden Leuten jeder Couleur. Der Service ist unkompliziert, der Garten eine Wucht. Ab und zu finden auch Konzerte statt. *Mo–So 11.45–14, 18–23 Uhr, Gessneralle 8, Tel. 212 07 66, Kategorie 3, Tram/Bus: Kaserne*

Turm (T) (P 3)

Unkompliziertes Lokal mit ungewöhnlich mediterranem Palmen- und Papageien-Interieur. Auch die Speisekarte ist exotisch: nebst Wildhasen- und Straußenfilets große Auswahl an Meeresfrüchten. Umfangreiches und originelles Tapasbuffet. *Tgl. 11.30 bis 23.30 Uhr. Obere Zäune 19, Tel. 262 52 00, Kategorie 2, Bus/ Tram: Neumarkt/Rathaus*

Ziegel oh Lac (T) (O)

⚡ Kollektiv geführtes Restaurant in der Roten Fabrik, dem alternativen Kulturzentrum Zürichs. Unkompliziert, mit Publikum aller Sorten, vor allem aber solches, das es noch nicht aufgegeben hat, die Welt zu verbessern. Die lauen Sommernächte auf den Bänken zwischen Restaurant und See sind legendär, oft begleitet von Open-air-Konzerten oder -Filmvorführungen. Gute, abwechslungsreiche Küche. *Di–So 11–24, Fr, Sa bis 2 Uhr, Seestrasse 396, Tel. 481 62 42, Kategorie 3, Tram: Post Wollishofen, Bus: Rote Fabrik, S1 und S8: Wollishofen*

VEGETARISCH/VOLLWERT

Elsa Cucina (M 2)

Unter dem Label »preiswert und gut« segelt dieses Lokal mit seiner originellen Vollwertküche und vielen Yasoya- und Tofu-Angeboten. Wer's unbedingt braucht, kriegt auch Fleisch. *Mo–Fr 11–17 Uhr, Stauffacherstrasse 96, Tel. 241 10 25, Kategorie 3, Bus/Tram: Helvetiaplatz*

Hiltl Vegi (O 3)

★ Best in Town. Vegetarisch in langer Hiltl-Familien-Tradition. Die Speisen werden nach neuesten Erkenntnissen der Ernährungslehre zubereitet und zum Teil mit Joule-Werten versehen. Ab 15 Uhr stehen im 1. Stock sechzig Teesorten zur Auswahl, und ab 18 Uhr kann man sich an einem indischen Buffet gütlich tun. *Tgl. 11–21 Uhr, Sihlstrasse 28, Tel. 221 38 70, Kategorie 3, Tram: Sihlstrasse*

NACH MITTERNACHT

Alle Lokale, die über Mitternacht hinaus offenhalten, müssen etwas Warmes anbieten.

Hier eine Auswahl für den späten Hunger: *Helvetia-Bar (Stauffacherquai 1, Kategorie 3), Johanniter (Niederdorfstrasse 70, Kategorie 3), Kaufleuten (Pelikanstrasse 18, Kategorie 2–3), Räblus (Stüssihofstatt 15, Kategorie 3), Roxy (Beatengasse 11, Kategorie 2), Mövenpick Plaza (Stadelhoferplatz, Kategorie 2), Spaghetti Factory (Schifflände 6, Kategorie 3), Tre Cucine (Fraumünsterstrasse 14, Kategorie 3).*

FRÜHMORGENS

In der *Hafenkneipe* pulst das Leben, und die gute Musikbox trägt das Ihrige dazu bei. Handfeste *Küche gibt es schon zwischen 5 und 7 Uhr und bis 24 Uhr, Militärstrasse 12, Kategorie 3.*

Im *Neugasshof* erhalten hungrige Nachtschwärmer Hörnli und Gehacktes oder Käserösti *ab 5 Uhr, Neugasse 35, Kategorie 3.*

Ein gesundes Morgenessen nach durchtanzter Nacht wird auch im *Café Zähringer Sa, So ab 5, Di–Fr ab 6.30 Uhr, Zähringerplatz 11, Kategorie 3,* serviert.

Auch im *Aquarium* gibt es bereits *ab 6.30 Frühstück, Limmatquai 104, Tram/Bus: Central*

Shopping mit Pfiff

Eine der berühmtesten Einkaufsstraßen der Welt und eine Vielzahl weiterer Einkaufsmöglichkeiten auf engem Raum

Es soll ja Leute geben, die buchen einen Urlaub in Zürich nur, um ihrer Shoppinglust zu frönen oder nach Belieben zu »lädelen«, wie man in Zürich sagt. In der Tat eignet sich kaum eine Stadt in Europa für dieses Vergnügen so wie die größte Schweizer Stadt, weist sie doch bezüglich Angebot und Qualität großstädtische Züge auf. Und das alles in kleinstädtischem Rahmen: Exklusive Boutiquen, ausgesuchte Spezialgeschäfte, noble Warenhäuser, Secondhandshops und Buchhandlungen in großer Zahl sind auf einem knappen Quadratkilometer vereint, so daß zu Fuß das gesamte Einkaufszentrum bequem abgeklappert werden kann.

Beginnen wird man sicher mit der ★ *Bahnhofstrasse,* der wohl berühmtesten dieses Namens auf der ganzen Welt. Was sich da links und rechts dieses 22 Meter breiten und einen Kilometer langen und von Linden gesäumten Asphaltstreifens zwischen Hauptbahnhof und Zürichsee alles an illustren, berühmten und normalen Geschäften niedergelassen hat, stellt alle anderen bekannten Einkaufsstraßen in den

In der noblen Einkaufsmeile Bahnhofstrasse sind nur das Tram und Fußgänger zugelassen

Schatten. Daß sie praktisch autofrei und nur von der Straßenbahn befahren wird, erhöht noch das Einkaufsvergnügen.

Zur Bahnhofstrasse gehören natürlich auch ihre diversen Seitengassen wie *Uraniastrasse, Rennweg, Augustinergasse* und *In Gassen,* die mit ihren Angeboten die Attraktivität der gesamten Gegend erhöhen. Über diese Gassen erreicht man auch ein kleines, aber um so schöneres und nicht minder exklusives Viertel mit der *Storchengasse* als zentraler Achse: Im Kern der Altstadt, wo zu den Zeiten der Römer Marktplatz und Hafen für emsiges Treiben sorgten, reihen sich mittlerweile die feinsten Geschäfte für Mode, Schmuck und Pelze aneinander. Namen wie Jil Sander, Armani, Ferré oder Versace begegnen einem auf Schritt und Tritt. Elegante Hotels und diverse Gourmetlokale machen das erstklassige Angebot, das vor allem zum Gucken einlädt, komplett.

Parallel zur Bahnhofstrasse verläuft die *Löwenstrasse,* die sich in den letzten Jahren zu einem eigenständigen Einkaufsboulevard gemausert hat. Die Bahnhof- und die Löwenstrasse enden beim ★ *Hauptbahnhof,* der durch den Bau der S-Bahn ein riesiges Einkaufszentrum geworden ist. Die mehrfache Unterkellerung in

Kombination mit dem älteren, unter dem Bahnhofplatz sich duckenden Shopville bietet Platz für unzählige Restaurationsbetriebe und Geschäfte, von denen einige auch abends bis 20 Uhr und sonntags offenhalten dürfen.

An Sonnentagen eignet sich für den Einkaufsbummel der *Limmatquai* mit jungen Boutiquen und Geschäften wie Benetton, Box, Krause-Senn oder Modissa und seinen vielen, an der Sonne ausgesetzten Straßencafés.

Wer mehr dem beschaulichen Einkauf in historischer Umgebung zugetan ist, begibt sich ins *Niederdorf* und das anschließende *Oberdorf* und trifft dort auf eine Vielzahl von kleinen Boutiquen aller Art, Buchhandlungen und Antiquitätengeschäften. Unzählige Bars und Kneipen laden im Dörfli – wie Nieder- und Ober-

dorf genannt werden – dazu ein, die müden Füße zu entlasten.

Im neuen, vom berühmten Architekten Calatrava gestalteten Untergeschoß des *Bahnhofs Stadelhofen* und in der benachbarten *Stadelhoferpassage,* in der Max Frisch in seinen letzten Jahren wohnte, bieten sich wiederum gute Einkaufsmöglichkeiten.

Wem das alles zu teuer, zu gediegen und zu betulich ist, setzt sich in Tram oder Bus und fährt zum *Helvetiaplatz* im *Quartier Aussersihl.* Dort findet man entlang der *Langstrasse* praktisch alles, was auch in der Stadt angeboten wird – nur um einiges billiger, denn immer wieder schießen dort Boutiquen aus dem Boden, die Markenwaren mit kleinen Fehlern oder Auslaufmodelle zu Schleuderpreisen unter die Leute bringen.

MARCO POLO TIPS FÜRS SHOPPING

1 Bahnhofstrasse
Elegante Einkaufsstraße mit Weltformat
(Seite 59)

2 Hauptbahnhof
Unterirdisches Shopping mit großer Auswahl
(Seite 59)

3 En Soie
Seide mit dem besonderen Muster (Seite 64)

4 Farfalla Duftladen
Der Laden für den guten Duft (Seite 67)

5 Flohmärkte
Nicht nur der Waren, auch der Leute wegen
(Seite 64)

6 Schweizer Heimatwerk
Schöne Souvenirs, gutes Kunsthandwerk (Seite 62)

7 Jamarico
Ausgeflippte Klamotten für die Partyszene
(Seite 65)

8 Jelmoli/Globus
Zwei Warenhäuser mit Stil (Seite 67)

9 Sprüngli
Köstlichkeiten aus berühmter Schweizer Schokolade
(Seite 63)

10 Schwarzenbach Kolonialwaren
Der schönste Laden in der ganzen Stadt (Seite 63)

Als Souvenir bringt man aus Zürich ein Armee-Taschenmesser mit, oder man besorgt sich eine Kuhglocke, noch besser einen Gürtel mit Kuh- und Edelweiß-Sujets aus Messing obendrauf – wunderschön, nützlich und ziemlich in. Oder man entscheidet sich gar für den Ohrring mit Kelle, ein Schmuckstück, das von den Älplern schon getragen wurde, als sonst noch kein Mann sich das Ohr zu durchlöchern wagte. Alles erhältlich im *Schweizer Heimatwerk,* dessen Sortiment kunstgewerblich hochstehende Produkte enthält. Typisch für Zürich sind natürlich auch Uhren; das trendigste Schweizer Souvenir ist immer noch die Swatch. Für eßbare Andenken hält man sich am besten an Schokolade in den verschiedenen Ausführungen wie Pralinés oder Trüffeln. Kurz vor der Abfahrt kann man dann noch echten Schweizer Käse mitnehmen. Züri-typisch ist der sogenannte *Tirggel,* ein flaches Gebäck aus Weißmehl und Bienenhonig, das in verschiedenen Formen gebacken und seit 1461 mit unterschiedlichen Bildmotiven dekoriert wird.

Die Geschäfte haben meistens Mo–Fr von 9 bis 18.30 Uhr geöffnet, Samstags von 8–16 Uhr, am Donnerstag in der gesamten City bis 21 Uhr.

ANTIQUARIATE UND BÜCHER

Auch dank der Hinterlassenschaft diverser Emigranten handeln 42 Antiquariate in der Universitätsstadt mit alten Büchern.

Orell Füssli (O 3)
Das war schon immer die größte Buchhandlung auf dem Platz, doch der Umzug Anfang 1994 machte aus der Buchhandlung ein Buchwarenhaus auf vier Etagen. Bänke zum Schmökern. *Füsslistrasse 4, Tram: Rennweg*

Pinkus Genossenschaft (P 3)
Da wo Marx und Engels nicht in den Keller verfrachtet wurden und das Erbe des Gründers hochgehalten wird: Theo Pinkus war Zeit seines Lebens überzeugter Kommunist, vom Schweizer Staatsschutz akribisch überwacht. Die Genossenschaft bietet auch einen Büchersuchdienst an. *Froschaugasse 7, Tram/Bus: Neumarkt*

Filmbuchhandlung Rohr (Q 4)
Für Filmnarren ein Paradies, ist doch das kleine Geschäft bis oben vollgestopft mit Filmliteratur, Bildern und Lexika. *Oberdorfstrasse 5, Tram: Bellevue*

ANTIQUITÄTEN

Dutzende von Händlern haben in Zürich ihre Geschäfte. Von Mai bis Oktober wird ein Großteil des Flohmarktes auf dem *Bürkliplatz* von ihnen beherrscht. Ansonsten sind Raritäten vor allem in der Gegend von *Nieder-* und *Oberdorf* und rund um die *St. Peterhofstatt* zu finden. Entdeckungen können alleweil auch in den *Brockenhäusern,* einer Art Trödelladen, gemacht werden.

GESCHENKE UND SOUVENIRS

AHA Phänomene (P 3)
Würfel, Spiralen, Kreisel, viel Interessantes zum Lernen, Spielen und als Kunst. Ein Laden für groß und klein. *Spiegelgasse 14, Tram/Bus: Neumarkt*

Schweizer Heimatwerk

★ Traditionelles, aber auch modernes Kunsthandwerk auf hohem Niveau aus der ganzen Schweiz, von der Kuhglocke bis zum *Sennechutteli,* die Sennerkutte, Taschenmesser, Schnitzereien, Stickereien. *Bahnhofstrasse 2, Tram: Börsenstrasse* (**P 3**)*; Rudolf-Brun-Brücke, Tram: Rudolf-Brun-Brücke* (**P 5**)

Das Geschäft am Rennweg führt junges Schweizer Design. *Rennweg 14, Tram: Rennweg* (**O 3**)

Teddy's Souvenir Shop   (**P 4**)

Vom »Swiss Army Knife« über (fast) alle Größen von Kuhglocken bis zum Plüsch-Bernhardiner. *Limmatstrasse 34, Tram: Helmhaus*

CONFISERIE/KÄSE/KULINARIA

Honold   (**O 3**)

Seine Butterbrezeln muß man probiert haben, die Brötchen mit gehacktem Ei sind deliziös und die Schokoladenspezialitäten erstklassig. Der Confiseur der

Schwarzenbach Kolonialwaren: Feinschmecker stehen vor der Qual der Wahl

Gutsituierten. *Mo–Fr 7.30–18.30, Sa bis 17 Uhr, Rennweg 53, Tram: Rennweg*

Kioske

Alle Kioske, die es fast an jeder Ecke gibt, führen Unmengen von delikater Schweizer Schokolade als Tafel oder in anderen Formen.

Müdespacher Käsehandlung (P 3)

Das ganze Spektrum der Schweizer Milchverarbeitung: vom rezenten (reifen) Appenzeller über den Innerschweizer Geissenkäse bis zum besten Emmentaler. Und auch hier wie in allen Käsehandlungen: Käsefonduemischungen mit Rezept. *Mo–Fr 7–12.30, 15 bis 18.30 Uhr, Marktgasse 11, Tram: Rathaus*

Schober (P 3)

Die älteste Konditorei Zürichs ist berühmt für ihre Schokoladenspezialitäten, Kuchen und Nideltörtli (Sahnetörtchen). Dazu gehört ein Café. *Mo–Fr 8–18.30, Sa bis 16, So 10–17 Uhr, Napfgasse 4, Tram: Rathaus*

Schwarzenbach Kolonialwaren (P 4)

★ Ein wunderbares Komestibles-Geschäft: Die wundersamsten Dörrfrüchte liegen neben den schönsten Süßigkeiten, Kaffeesorten aus der eigenen Rösterei lagern in durchsichtigen Behältern neben alten Teedosen voller verschiedenster Teesorten. *Mo–Fr 8–18,30 Uhr, Do bis 20 Uhr, Sa 9–16 Uhr. Münstergasse 15, Tram: Rathaus*

Sprüngli (O 4)

★ Truffes du jour (sie müssen am gleichen Tag verkauft werden) und Luxemburgerli sind die Namen der Köstlichkeiten aus Schweizer Schokolade, deren Ruf um die Welt gegangen ist. Weitere Filialen: Hauptbahnhof, Löwenstrasse, Bahnhof Stadelhofen. *Bahnhofstrasse 21, Tram: Paradeplatz*

HAUSHALT UND KÜCHE

Schmucklersky (L 3)

Ein origineller Küchenladen, wo kein Wunsch nach irgendeinem Ersatzteil vorstellbar ist, der abschlägig beantwortet würde. *Badenerstrasse 101, Tram: Bezirksgebäude*

KUNST

Der Kunstmarkt in Zürich ist riesig: die größten Auktionshäuser und über 200 Galerien.

Artagogo (Q 4)

Die kleinste Galerie auf dem Platz Zürich: Sie besteht lediglich aus einem Schaukasten an der *Oberdorfstrasse 13.*

Galerie Jamileh Weber (P 5)

Zeitgenössische Kunst in schmucken Räumen. *Waldmannstrasse 6, Tram: Bellevue*

Galerie Max G. Bollag (O 2)

Kraut und Rüben – jedoch erster Garnitur – stehen bei diesem alten Herrn herum. Und immer mal wieder nimmt ein Ganove einfach einen Picasso unter den Arm... *Werdmühlestrasse 9, Tram/ Bus: Bahnhofstrasse/HB*

Shedhalle (O)

In das Kulturzentrum Rote Fabrik integriert, gelingt es dieser jungen Institution immer wieder, die Nase im zeitgenössischen Wind zu haben und interessante

Ausstellungen zu präsentieren. *Seestrasse 395, Tram: Post Wollishofen*

Flohmärkte

★ Neben zahlreichen Secondhandgeschäften gibt es in Zürich eine Flohmarkttradition. Dabei schlägt jedoch das hiesige Preisniveau allzu gerne auf die Flohmärktler durch, man wähnt sich gelegentlich eher auf einer Antiquitätenmesse. Dafür findet man aber durchaus sehr schöne Stücke. *Bürkliplatz (***P 5***), Mai–Okt., Sa 7–16 Uhr* ✪ *Kanzleiareal (***M 3***), Kanzleistrasse 56, ganzes Jahr, 7–16 Uhr*

Gemüse- und Lebensmittelmärkte

✪ Immer mehr sind auch Gemüse und Früchte aus biologischem Anbau zu haben, daneben auch Fisch und Fleisch. *Bürkliplatz (***P 5***), Helvetiaplatz (***M 2***): Di und Fr, 6–11 Uhr; Limmatplatz (***P 4***): Sa 6–11 Uhr; Marktplatz Oerlikon (***O***): Mi und Sa 6–11 Uhr*

Rosenhofmarkt (**P 3**)
Der Kuriositätenmarkt, der sich von der Ansammlung von Ständen mit allerlei Selbstgemachtem zur veritablen Verkaufsshow alternativen Kunsthandwerks gemausert hat. Die Produktevielfalt ist groß. *Anfang März bis Weihnachten, Do 10–21, Sa 10–16 Uhr, im Rosenhof, hinter Limmatquai 72*

Haute Couture und Prêt-à-porter findet man im oberen Teil der Bahnhofstrasse und rund um den Paradeplatz. Auf der anderen Seite der Limmats ist eher Lässigeres zu finden.

Annapurna (**P 4**)
Die Mode der 70er Jahre vom Indien- und Batik-Look bis zu Hosen mit Schlag ist wieder in, da ist sie zu haben. *Scheitergasse 3, Tram: Bellevue*

Bernie's
Das Casual-Wear-Geschäft, das mit dem Slogan auf sich aufmerksam macht: »Nur nichts kaufen ist billiger!« Diverse Geschäfte im *Niederdorf (***P 2-3***) und vor allem am Löwenplatz (***O 2***)*

Booster (**P 3**)
☂ Punk- und Party-Look der ausgeflippteren Sorte. *Stüssihofstatt 6, Tram: Rathaus*

Christa de Carouge (**G 6**)
Die weltberühmte Modemacherin mit ihren Lieblingsfarben, Schwarz, Schwarz und nochmals Schwarz. Extravagantes Loft in der neu umgebauten *Mühle Tiefenbrunnen. Seefeldstrasse 223, Tram: Tiefenbrunnen*

En Soie (**P 3**)
★ Ein ganzes Geschäft voller glänzender Stoffe, Kleider und Accessoires mit sehr speziellem Design. *Strehlgasse 26, Tram: Rennweg*

Fabric Frontline (**M 2**)
Das seidene Geschäft mit frechem Design: Schals, Krawatten, Bettwäsche, Geschenkartikel, alles aus Seide. Kaum mehr ein Werber ohne FF-Krawatte. *Dienerstrasse 18, Bus: Militär-/Langstrasse*

Hannes B. (**P 4**)
Anspruchsvolle Männermode und Accessoires des Zürcher Designers Hannes Bühler. Seiner Mode hat er den passenden Rah-

men im ehrwürdigen *Zunfthaus zur Meisen* gegeben. *Wühre 2, Tram: Helmhaus*

Jamarico
★ ☤ Die schwarzen, grufty-artigen In-Klamotten sind hier gegenauso zu finden wie absolut ausgeflipptes, farbiges Gehänge. Auch Platten und CDs gibt es in diesem Laden. *Niederdorfstrasse 51* (**P 3**), *Tram: Rudolf-Brun-Brücke. Stauffacherstrasse 95* (**L 2**), *Tram/Bus: Helvetiaplatz*

Dialekt-Lexikon

Schweizerinnen und Schweizer sprechen je nach Region zum Teil sehr unterschiedliche Dialekte alemannischer Provenienz. Nur bei Unterhaltungen mit ausländischen Gästen, in den Medien oder bei schriftlichen Äußerungen wird das Hochdeutsche verwendet, das somit eine Fremdsprache darstellt, die es in der Schule zu erlernen gilt. Oft ist es deshalb auch durchsetzt mit eigenen Wortschöpfungen oder fremden Begriffen, insbesondere aus der zweiten Landessprache, dem Französischen.

Anke	Butter	*Lavabo*	Waschbecken
äs bitzeli	ein bißchen	*Milke*	Kalbsbries
Beiz	Kneipe,	*Münz*	Kleingeld
	Restaurant	*Nastuch*	Taschentuch
Bünzli	Spießer	*Occasion*	Ware aus
Bürli	kleines Brot		2. Hand
Car	Omnibus	*retour*	hin und zurück
Chüngel	Kaninchen	*Retourgeld*	Wechselgeld
Cüpli	Glas Cham-	*Rock*	Damenkleid
	pagner	*Röschti*	geriebene und
Dezi	Deziliter		gebratene
Egli	kleiner Barsch		Kartoffeln
Gipfeli	Hörnchen	*Ruchbrot*	dunkles Brot
Glace	(Speise-)Eis	*Sack*	Tüte, Tasche
go poschte	einkaufen	*Schale*	Kaffee mit
	gehen		warmer Milch
grüezi	Guten Tag	*Schoggi*	Schokolade
Gschwellti	Pellkartoffeln	*Serviertochter*	Kellnerin
Identitätskarte	Personal-	*Stange*	kleines Bier
	ausweis	*Stutz*	Geld
jassen	Karten spielen	*s'zähni*	genial, gut
Schüp		*Töff*	Motorrad
(franz. jupe)	Damenrock	*Tram*	Straßenbahn
Schü		*Velo*	Fahrrad
(franz. jus)	Saft	*währschaft*	deftig, kernig
Chaste	Schrank	*Wii*	Wein
Konduktör	Schaffner	*Zapfe*	Korken
lädele	Schaufenster	*Zmorge*	Frühstück
	bummeln	*Znacht*	*Abendessen*

Soho (O 2)

⚓ Vor ein paar Jahren noch in Kellern zu Hause, heute Trendsetter bei der jungen Mode. *Bahnhofplatz 4, Tram: Bahnhofstrasse*

SECOND HAND/ BROCKENHÄUSER

Brocki-Land (E 3)

Eine riesige Halle, gefüllt mit Unmengen alter Ware, man benötigt Zeit zum Wühlen. Billig. *Sihlquai 101, Tram: Museum für Gestaltung*

Caritas Chleiderlade

Einem Hilfswerk angegliederte Geschäfte, denen man alles aus dem Haushalt außer Möbeln vorbeibringen kann. Alles wird gewaschen und fein säuberlich drapiert in den Verkaufsläden präsentiert. Der Erlös kommt der Sozialhilfe in Zürich zugute. *Birmensdorferstrasse 52 (L 3), Tram: Bahnhof Wiedikon; Schwamendingerstrasse 14 (O), Tram: Sternen Oerlikon*

Razzo (P 3)

Modisches, auch neu, aus illustren Kollektionen. *Rindermarkt 23, Tram/Bus: Neumarkt*

Zürcher Brockenhaus (E 3)

Umgebaut auf drei Etagen, präsentiert sich dieses Brockenhaus jetzt fast wie ein normales Warenhaus. *Neugasse 11, Tram: Museum für Gestaltung*

SPIELZEUG

Pastorini (P 4)

Holziges und anderes gut durchdachtes Spielzeug für Kinder und solche, die es geblieben sind *Weinplatz 3, Tram: Rathaus.*

UHREN, SCHMUCK, JUWELEN

Beyer Chronometrie (O 4)

Dieses Geschäft hat nicht nur ein *Museum der Zeitmessung* aufgebaut, sondern repariert auch alte Zeitmesser und verkauft Uhren aller Luxusmarken. *Bahnhofstrasse 31, Tram: Paradeplatz*

Bucherer (O 3)

Klassische bis gewagte Schmuckstücke aus eigenem Atelier, hauseigene Markenuhren. *Bahnhofstrasse 50, Tram: Paradeplatz*

Harry Hofmann (O 2)

Hofmann kauft und verkauft gebrauchten Schmuck. *Bahnhofstrasse 87, Tram: Bahnhofstrasse*

Türler

Das traditionsreiche Haus, dessen Uhren früher um die Welt gingen, wartet mit einer Sehenswürdigkeit auf: Als mechanisches Meisterwerk zeigt eine astronomische Uhr von der Sekunde über die Planetenbahnen bis zum Umlauf des Sternenhimmels alles, was mit Zeit zu tun hat und sich über unseren Köpfen bewegt. *Bahnhofstrasse 28 (O 4), Tram: Paradeplatz.* Filialen: *Fraumünsterplatz (P 4), am Weinplatz (O), Flughafen (O).*

VERSCHIEDENES

Condomeria (P 3)

In allen Farben und Formen bietet dieser ulkige Laden die gummigen »Verhüterli« an. Man findet die Condome auch eingegossen in Schokolade. *Münstergasse 27, Tram: Rathaus*

Farfalla Duftladen (R 6)

★ Lauter Labsal für die Nase, vom Duftlämpchen bis zur speziell gemixten Essenz. *Seefeld-strasse 46, Tram: Kreuzstrasse*

Hanfhaus (P 3)

Alles außer Haschisch wird in diesem Laden verkauft, was aus Hanf hergestellt wird. Von Papier über Kleidung, Kosmetika bis zu Farben und Ölen. *Spitalgasse 8, Tram: Rudolf-Brun-Brücke*

Medieval (P 3)

So was gibt's nicht noch mal in Europa. Das Mittelalter bestimmt ausschließlich das Sortiment: Bücher, Musik, Stoffe, Gebrauchsgegenstände. *Spiegelgasse 29, Tram: Rathaus*

Messe-Schiffe (P 5)

❂ Eine Einkaufsmöglichkeit der ganz anderen Art: Außerhalb der Saison, meist im Spätherbst, werden die Schiffe der Schiffahrtsgesellschaft – fest vertäut am Bürkliplatz – zu Bücher- oder Weinschiffen und verwandeln sich derart zum beliebten Messeplatz mit Schmöker- und Degustationsmöglichkeiten. Garten-möbel- und Unterhaltungselektronik-Ausstellungen finden ebenso statt. *Bürkliplatz*

WARENHÄUSER

EPA

Billiger geht's kaum mehr, etwas für Schnäppchenjäger. Große Kurzwarenabteilung. *Sihlstrasse 55* (**N 3**)*, Tram: Sihlstrasse; auch Theaterstrasse 18* (**Q 5**)*, Tram: Bellevue*

Jelmoli (O 3)

★ Nach der Renovierung präsentiert dieses Haus verschiedene Einkaufs-Erlebnis-Welten. Geschmacksache, aber das Preis-Leistungs-Verhältnis und die Auswahl sind gut. *Seidengasse 1, Tram: Rennweg*

Globus (O 2)

★ Das edelste Warenhaus von allen, und insbesondere die Delikatessenabteilung im Untergeschoß läßt einem das Wasser im Munde zusammenlaufen. *Löwenplatz/Pestalozzianlage, Tram: Bahnhofstrasse*

Die geniale Swatch-Idee

Die Luxusuhren, deren Bestandteile teilweise immer noch einzeln in Manufakturen hergestellt werden, haben sich zwar als Schweizer Exportprodukt halten können. Jedoch der einst so berühmten Schweizer Uhrenindustrie half erst ein genialer Einfall wieder auf die Beine: die Swatch. Die Billiguhr, modisch gestylt vom Zifferblatt über die Zeiger bis zum Armband und gedacht als Schmuckstück, vom dem man sich je nach Kleidung oder Laune mehrere hält, hat mit entsprechend farbigem und verrücktem Marketing alle Verkaufsrekorde gebrochen. Mittlerweile existieren schon Tauschbörsen, wo rare Exemplare zu wahren Phantasiepreisen gehandelt werden. Ist eine neue Serie angekündigt, kann es schon passieren, daß die Fans vor den Kaufhäusern oder Uhrengeschäften campieren, um morgens in der Frühe auf jeden Fall ein Exemplar zu ergattern.

Traumhaft schlafen

*Die Schweizer Hotellerie genießt einen hervorragenden Ruf,
auch günstige Etablissements pflegen einen gehobenen Standard*

In Zürich hat das Hotelgewerbe eine lange Tradition, in über 100 Häusern stehen mehr als 10 000 Betten zur Verfügung, die durchs Jahr an die zweimillionenmal benutzt werden. Das *Savoy* am Paradeplatz war das erste eigentliche Hotel, der Boom gegen Ende des letzten Jahrhunderts brachte ein paar prächtige Hotelpaläste hervor *(Eden au Lac, Baur au Lac).* Die Etablissements neueren Datums sehen entweder aus wie das *Hotel International* in Oerlikon oder das *Hotel Zürich* hinter dem Bahnhof: gradlinig in den Himmel gebaut, dafür mit grandioser Aussicht. Oder aber in funktionaler Blockbauweise wie das *Hotel Nova Park* oder das *Waldhaus Dolder.*

Viel Geld in Hotels loszuwerden ist in Zürich absolut kein Problem. Die Wirtschafts- und Finanzmetropole Zürich hält für ihre gutbetuchten Gäste diverse Luxusherbergen bereit, allen voran das weltbekannte *Grand Hotel Dolder,* an herrlicher Lage hoch über der Stadt, in dessen Präsidialsuite die hohen Staatsgäste abzusteigen pflegen.

Der Limmathof liegt schön zentral. Mit wenigen Schritten erreicht man nette Cafés und die wichtigsten Sehenswürdigkeiten

Auch die Mittelklassehäuser werden auf hohem Standard geführt, der Service ist ausgesprochen gut. Perfektionismus und genügend flüssige Mittel führen dazu, daß die Hotels meist auf dem neuesten Stand sind und zum Beispiel Lärm dank Mehrfachverglasung selten ein Problem darstellt. Zum Standard der Mittelklasse gehört in Zürich meist Bad oder Dusche und eigenes WC, Radio- und TV-Geräte und oft ein eigenes Telefon. Die meisten Hotels im unteren Preissegment sind ebenfalls moderne Betriebe, ruhig und angenehm.

Wer sich seine Unterkunft nicht schon von zu Hause hat organisieren lassen, dem steht im Hauptbahnhof und auf dem Flughafen Kloten gratis ein Hoteltelefon zur Verfügung, mit dem man sich informieren und ein Zimmer reservieren kann. Oder aber man bezieht beim Verkehrsbüro – Flughafen oder Bahnhof – ein Hotelverzeichnis.

Wer mit dem Auto nach Zürich reist, sollte sich auf jeden Fall vorher bei den Hotels in der Innenstadt nach Stellplätzen erkundigen. In der Innenstadt gibt es wenig und daher nur teuren Parkraum.

Die angegebenen Preise stellen einen Richtwert für ein Doppelzimmer mit Bad oder Dusche dar. Meistens ist im Preis das Frühstück inbegriffen, ebenso der Service und andere Taxen. Es ist üblich, daß über das Wochenende zehn und mehr Prozent Rabatt gewährt werden – es lohnt sich, danach zu fragen.

(sfr 260–350 und darüber, 4-Sterne-Klasse; alle mit TV, Bad, Dusche, WC, Fön und Service)

Central Plaza (P 2)
Dank seiner stattlichen Größe beherrscht das renovierte Hotel den Verkehrsknotenpunkt Central-Platz. ❧ Die Lage ist exzellent, mit Blick – von den oberen Zimmern – auf beinahe die gesamte Altstadt. *Central, 100 Zi., Tel. 251 55 55, Fax 251 85 35, Tram/Bus: Central*

Schweizerhof (O 2)
Ein Hotel der Spitzenklasse, perfekt schallisoliert, bietet in bester Verkehrslage gleich eingangs der Bahnhofstrasse einen exquisiten Service. Restaurant im Haus. *Bahnhofplatz 7, 115 Zi., Tel. 211 86 40, Fax 211 35 05, Tram: Bahnhofplatz*

Swissotel Zürich (O)
Eher für Geschäftsreisende zugeschnitten, steht das Hochhaus mitten im Stadtteil Oerlikon, einem Nebenzentrum Zürichs, in dessen Nähe sich die Züspa-Messehallen befinden. Mit Pool im 32. Stock. *Am Marktplatz, 335 Zi., Tel. 311 43 41, Fax 312 44 68, Tram: Bahnhof Oerlikon*

MARCO POLO TIPS FÜR HOTELS

1 Franziskaner
Junges Hotel in guter Lage mitten im Vergnügungsviertel (Seite 72)

2 Justinusheim
Billiges Bett mit bester Aussicht (Seite 74)

3 Martahaus
Die günstigste Möglichkeit mitten im Zentrum (Seite 74)

4 Rössli
Trendiges Haus, gekonnt renoviert, tolle Dachsuite (Seite 72)

5 Seegarten
Elegant, erschwinglich mit jungem Team und In-Restaurant »Latino« (Seite 72)

6 Splendid
Günstig, im Zentrum des Zürcher Nachtlebens (Seite 75)

7 St. Gotthard
Hohe Schule der Hotellerie an der Bahnhofstrasse (Seite 71)

8 Zum Storchen
Gediegenes Haus am Limmat mit Altstadtsicht (Seite 71)

9 Uto Kulm
Hoch über der Stadt auf dem Zürcher Hausberg (Seite 74)

10 Zürichberg
Totale Ruhe, kein Alkohol und im Blick die Alpen (Seite 71)

St. Gotthard (O 2)

★ Seit mehr als hundert Jahren erfreut sich dieses noble Haus in unmittelbarer Nähe des Hauptbahnhofes eines ausgezeichneten Rufes. So findet man eine Hummer- und Austernbar, im Restaurant *La Bouillabaise* werden Meeresfische, Austern und Krustentiere frisch angeboten.

Und das stilvolle *Café St. Gotthard* wartet mit echter Kaffeehausatmosphäre auf. Frühstück kostet sfr 25.– extra. *Bahnhofstrasse 87, 135 Zi., Tel. 211 55 00, Fax 211 24 19, Tram: Bahnhofstrasse*

Waldhaus Dolder (H 4)

Mit der Dolderbahn und der hoteleigenen Haltestelle erreicht man das hoch oben am Zürichberg gelegene Waldhaus. In unmittelbarer Nähe des *Dolder Grand Hotels*, bietet es vor allem für sportliche Großverdiener einiges. Ein Golfplatz ist in der Nähe, Hallenbad und Tennisplätze sind vorhanden, und der nahe Wald lädt zum Joggen ein. ☣ Der Blick aus den oberen Etagen des nicht allzugut gelungenen Neubaus ist umwerfend. *Kurhausstrasse 20, 97 Zi., Tel. 251 93 60, Fax 251 00 29, Dolderbahn: Haltestelle Waldhaus*

Zum Storchen (P 4)

★ Als einziges Hotel in der ganzen Stadt liegt das Storchen direkt an der Limmat. Man sitzt im ersten Stock auf der Terrasse direkt am Wasser. Das traditionsreiche Haus sorgt mit gediegenem Interieur für gemütliche Stimmung mit erstklassigem Service. Das Restaurant genießt einen hervorragenden Ruf. *Weinplatz 2, 78 Zi., Tel. 211 55 10, Fax 211 64 51, Tram: Rathaus*

Im gastfreundlichen »Storchen« wird man nicht nur gut gebettet, sondern auch ausgezeichnet verpflegt

Zürichberg (H 3)

★ ☣ Neu renoviertes Hotel mit architektonisch interessantem Neubau in bester Lage hoch oben über der Stadt am Waldrand mit Sicht auf die Alpen, jedoch ohne Alkohol. Der Zürcher Frauenverein als Betreiber hat den Kampf gegen den Alkohol auf seine Fahne geschrieben. Die Küche der beiden Restaurants ist gut und kreativ. Terrasse, Garten. Der Zoo ist in Fußnähe. *Behindertengerecht, Orellistrasse 21, 67 Zi., Tel. 268 35 35, Fax 268 35 45, Tram: Zoo*

HOTELS PREISGRUPPE B

(sfr 150–250, 3-Sterne-Mittelklasse-Hotel)

Ammann (P 4)

In einem Haus aus dem 14. Jh. wirkt die Mischung aus Eleganz und familiärer Atmosphäre betont einladend. Direkt neben dem Grossmünster. Im Parterre ist ein Thai-Take-Away einquartiert. *Kirchgasse 4, 23 Zi., Tel. 252 72 40, Fax 262 43 70, Tram: Helmhaus*

Arc en Ville (O 1)
Trendiges Business-class-Hotel, in der Nähe des Hauptbahnhofs, mit Ökofrühstück. Eignet sich auch für längere Aufenthalte. Nach der Vertreibung der Drogenszene liegt es prächtig am Eingang zum lebendigen Kreis 5. Drei Restaurants im Hause. *Sihlquai 9, 70 Zi., Tel. 271 54 00, Fax 272 19 30, Tram: Sihlquai*

Florhof (Q 3)
In einem alten Patrizierhaus, wo Zürichs erster Millionär, ein Seidenfabrikant, gewohnt hat, verbirgt sich zwischen Konservatorium und Staatsanwaltschaft der familiäre und charmante Florhof. Mit schöner Terrasse und Restaurant. *Florhofgasse 4, 33 Zi., Tel. 261 44 70, Fax 261 46 11, Tram/Bus: Kunsthaus*

Florida (G 5)
Ein großes, gut frequentiertes und solides Hotel im Seefeld-Quartier mit Garage und direktem Zugang zu den Zimmern. *Behindertengerecht, Seefeldstrasse 63, 80 Zi., Tel. 383 68 30, Fax 383 24 40, Tram: Kreuzstrasse*

Franziskaner (P 3)
★ Bekannt für sein stilvolles Restaurant. Die Lage ist exzellent: mitten im Niederdorf, umgeben von Geschäften, Kneipen und Bars. Im Sommer trifft man sich auf der Terrasse. *Niederdorfstrasse 1, 20 Zi., Tel. 252 01 20, Fax 252 61 78, Tram: Rathaus*

Kindli (P 3)
Im 16. Jh. als Hotel erbaut, beherbergte es seit jeher Gäste von hohem Rang und Namen. Diverse Inschriften an der Fassade zeugen davon. Restaurant mit einem abwechslungsreichen Kulturprogramm. Traditionell bürgerlich eingerichtete Zimmer. Zentrale Lage. *Pfalzgasse 1, 21 Zi., Tel. 211 59 17, Fax 211 65 28, Tram: Rennweg*

Montana (N 1)
Individuell gestaltete Zimmer, beschwingt-junger Umgang im renovierten Hotel mit zeitgemäßem Konzept. Das *Restaurant Le Lyonnais* im Erdgeschoß ist ein In-Tip für gute französische Küche. *Behindertengerecht, Konradstrasse 39, 74 Zi., Tel. 271 69 00, Fax 272 30 70, Tram: Sihlquai*

Rössli (P 4)
★ In einer kleinen Oberdorfgasse hat sich dieses architektonisch interessante Haus versteckt: Die Renovierung hat gekonnt moderne Elemente mit uralter Bausubstanz kombiniert. Zimmer mit individuellem Touch. *Rössligasse 7, 13 Zi., Tel. 252 21 21, Fax 252 21 31, Tram: Bellevue*

Schifflände (P 4)
Der Keller des gepflegten Hauses beherbergt eine Diskothek, für Hotelgäste gratis. Von einigen Zimmern blickt man auf den Hechtplatz. Hauseigenes Boulvardcafé, klimatisierte Zimmer. *Schifflände 18, 18 Zi., Tel. 262 40 50, Fax 262 43 67, Tram: Bellevue*

Seegarten (F 5)
★ Nicht weit entfernt von Opernhaus und Seepromenade bietet das 1991 geschmackvoll re-

novierte, von einem jungen Team geführte Hotel wunderbare Dach-Schlaf- und Badezimmer. Das Interieur ist von unaufdringlicher Eleganz. Nach <mark>Zimmer A</mark> fragen: eine Suite mit großer Küche und ❇ Terrasse. Im Erdgeschoß findet sich das *Latino,* ein In-Restaurant mit mediterraner Küche. *Seegartenstrasse 14, 28 Zi., Tel. 383 37 37, Fax 383 37 38, Tram: Kreuzstrasse*

Senator (D 2)
Gegenüber dem erst kürzlich eröffneten, größten Multiplex-Kino mit zehn Sälen liegt das günstige Vier-Sterne-Hotel. Tiefgarage. *Heinrichstrasse 254/256, 102 Zi., Tel. 272 20 21, Fax 272 25 85, Tram/Bus: Escher-Wyss-Platz*

Sonnenberg (H 4)
Ein hoteleigener Weinberg trennt das Hotel vom Stadtrand.

Luxushotels in Zürich

Baur au Lac (T) (O 5)
❇ 150jähriges Traditionshaus mit wunderschönem Garten bis fast zum See, wenn da nicht die vierspurige Straße wäre. Im Sommer wird im Garten von befracktem Personal das Frühstück serviert, und in der Marmorhalle des Biedermeierbaus trifft sich eine illustre Gästeschar aus aller Welt. Ab sfr 460.–/DZ. *Talstrasse 1, 139 Zi., Tel. 220 50 20, Fax 220 50 44*

Dolder Grand Hotel (H 4)
Exklusiver geht's nicht mehr. Im majestätischen Jugendstilbau mit den charakteristischen drei Türmen pflegen die Staatschefs und Vips der oberen Klasse abzusteigen. ❇ Einmalige Lage hoch über der Stadt mit Blick auf die Alpen, mit Golfplatz und einfach allem, was dazugehört. Ab sfr 460.–/DZ. *Kurhausstrasse 65, 182 Zi., Tel. 251 62 31, Fax 251 88 29*

Eden au Lac (Q 6)
Eine prunkvolle Fassade trägt das Eden zur Schau, und innen geht's im gleichem Stil weiter. ❇ Die seeseitigen Zimmer bieten eine einmalige Sicht auf den See und die Stadt. Ab sfr 460.–/ DZ. *Utoquai 45, 56 Zi., Tel. 261 94 04, Fax 261 94 09*

Savoy Baur en Ville (O 4)
1975 wurde das Hotel vollständig abgerissen und 1978 mit den alten Fassaden neu aufgebaut. Das Savoy verfügt wohl über die exklusivste Lage, beherrscht seine Fassade doch stolz die gesamte Ostseite des renommierten Paradeplatzes. Ab sfr 460.–/DZ. *Am Paradeplatz, 112 Zi., Tel. 211 53 60, Fax 221 14 67*

Widder (O 3)
Nahe der Bahnhofstrasse in acht historischen Altstadthäusern sich breit machendes Hotel mit allem Komfort. Alle Zimmer haben ihr eigenes Flair. In der hoteleigenen Bar jeweils dienstags Konzerte mit bekannten Jazz-Größen. *Ab sfr 460.–/DZ, Rennweg 7, 49 Zi., Tel. 224 25 26, Fax 224 24 24*

Gehört zu den ersten Adressen Zürichs: das Eden au Lac

Zimmer mit Blick auf Zürich und den See. Gartenterrasse, ein Kleintierzoo für die Kinder. *34 Zi., Aurorastrasse 98, Tel. 262 00 62, Fax 262 06 33, Tram: Klusplatz, Dolderbahn: Waldhaus Dolder*

Uto Kulm (B 6)

★ Das Hotel zuoberst auf dem Uetliberg ist renoviert, hält geräumige Zimmer bereit und ist beliebt als Ort für Bankette, Feste und Tagungen. Zu erreichen ist es nur mit der Uetlibergbahn und anschließendem zehnminütigem Spaziergang. Oben Ruhe und Rundsicht, schöne Wanderwege. *Berggasthaus, 20 Zi., Tel. 463 66 76, Fax 463 14 00, S10: Uetliberg*

HOTELS PREISGRUPPE C

(sfr 70–140.–, 1- und 2-Sterne-Hotels; oft nur Etagendusche)

Justinusheim (G 2)

★ Oben auf dem Zürichberg, mit Sicht auf Stadt und See, hält das internationale Studentenwohnheim immer fünf Zimmer für Touristen frei. In den Semesterferien werden weitere Zimmer vergeben. Kochgelegenheit im Haus. *Freudenbergstrasse 146, ab 5 Zi., Tel. 361 38 06, Fax 362 29 82, Seilbahn Rigiblick: Endstation*

Limmathof (P 2)

Gemütliche Zimmer hinter schöner Fassade. Zentral gelegen, draußen ist es manchmal laut. *Limmatquai 142, 62 Zi., Tel. 261 42 20, Fax 262 02 17, Tram/Bus: Central*

Martahaus (P 2)

★ Wenige Gehminuten vom Hauptbahnhof entfernt, bietet dieses schlichte Hotel 1-, 2- und

3-Bett-Zimmer und Schlafkojen in 6-Bett-Zimmern zu sfr 30.–. Bad und Dusche auf der Etage. ♿ Dachterrasse. 87 Betten. *Zähringerstrasse 36, Tel. 251 45 50, Fax 251 45 40, Tram/Bus: Central*

Oase (R 3)
Evangelisches, nikotin- und alkoholfreies Jugendwohnhaus. Gästezimmer mit ein und zwei Betten sind günstig zu mieten. *Freiestrasse 38, 5–15 Zi., Tel. 252 39 81, Fax 252 30 15, Tram: Hottingerplatz*

Otter (Q 4)
Das renovierte, kleine Hotel liegt ruhig im Zentrum. Familiäre Atmosphäre zu fairen Preisen. *Oberdorfstrasse 7/Weite Gasse 10, 16 Zi., Tel. 251 22 07, Fax 251 22 75, Tram: Bellevue*

Rothus (P 3)
Nachtschwärmer sind hier richtig. Im Hause befindet sich außer Bar und Restaurants das *Polygon*, ein Variété mit ansprechenden Programmen. Auch 5-Bett-Familienzimmer. Kinder bis 12 Jahre im Elternzimmer gratis. *Marktgasse 14–17, 42 Zi., Tel. 252 15 30, Fax 251 39 24, Tram: Rathaus*

Splendid (P 3)
★ In einer stilleren Seitengasse des Niederdorfes findet man eines der günstigsten Hotels auf dem Platz. Dusche und WC auf der Etage. Frühstück kostet sfr 10.– extra. *Rosengasse 5, 24 Zi., Tel. 252 58 50, Fax 261 25 59, Tram: Rudolf-Brun-Brücke*

St. Georges (M 4)
Im multikulturellen Viertel Aussersihl ruhig gelegen. Komforta-

bles Familienhotel. *Weberstrasse 11, 44 Zi., Tel. 241 11 44, Fax 241 11 42, Tram: Stauffacher*

Villette (Q 4)
Rustikales Hotel in einem Altstadthaus mitten im Vergnügungsviertel gelegen und doch ruhig. Hotelrestaurant *Pinte Vaudoise* mit Schweizer Spezialitäten. *Kruggasse 4, 14 Zi., Tel. 251 23 35, Fax 251 29 39, Tram: Bellevue*

Vorderer Sternen (Q 5)
Direkt am Bellevueplatz. Dusche und WC auf der Etage. Ein Wurststand, ein rustikales und ein typisch zürcherisches Restaurant sorgen ebenfalls für Betrieb. *Bellevueplatz, 9 Zi., Tel. 251 49 49, Fax 252 90 63, Tram: Bellevue*

JUGENDHERBERGE

Im 2-Bett-Zimmer mit privater Dusche und WC kostet die Nacht pro Person mit Mitgliedskarte sfr 44.–, im 6-Bett-Zimmer sfr 29.–. Etwas außerhalb, aber mit guter Verkehrsanbindung. Rund um die Uhr geöffnet. *Mutschellenstrasse 114 (O), 302 Plätze, Tel. 482 35 44, Tram: Morgenthal, Bus: Jugendherberge*

PRIVATWOHNUNGEN

Wer länger als eine Woche in Zürich verweilt, der kann eine befristet leerstehende Privatwohnung mieten – meistens erst ab zwei Monate und mehr. 1- bis 3-Zimmer-Wohnung um sfr 1500.–, Einzelzimmer ab sfr 300.– pro Woche. *Vermittler: PABS, Baslerstrasse 107, Tel. 493 43 54; Wohnbörse Monika Meyer, Dübendorferstrasse 2, Tel. 321 55 44; Mata-Dienst, Sihlstrasse 24, Tel. 221 23 17*

Zürcher Kalender

Sechseläuten und Knabenschiessen sind fester Tradition verpflichtet, andere Zürcher Feste werden immer ausgelassener

Das Wirken des radikalen Reformators Zwingli hat in Sachen Festfreude bei den Zürcherinnen und Zürchern seine Spuren hinterlassen. Deutliches Indiz ist das Fehlen einer eigentlichen Fasnachtstradition.

Festlicher geht's dann im Frühling anläßlich des *Sechseläutens* zu, dem traditionellen, genauen Regeln gehorchenden Fest der Zünfte, das aus mittelalterlicher Zeit stammt, als die republikanisch gesinnten Handwerker im 14. Jh. sich in Zünften organisierten und das politische Zepter schwangen. Heute sind die Zünfte jedoch zu Sammelbecken bessergestellter Gewerbetreibender und Höhergestellter aus Handel und Industrie mutiert, in die nur Männer dank Protektion oder Abstammung aufgenommen werden. Der normale Handwerker und die einfache Arbeiterin müssen sich bis zum 1. Mai, dem Tag der Arbeit, gedulden, um sich in festlicher Stimmung zu ergehen.

Ein Kulturfest stellt jeweils das ★ *Theater Spektakel* auf der Landiwiese am See dar, wo nicht nur internationales freies Theaterschaffen, sondern auch kulinarisch einiges geboten wird.

Beim Sechseläuten wird mit dem »Böögg« der Winter vertrieben

Am zweiten größeren, typisch zürcherischen Fest, dem *Knabenschiessen* – Mädchen dürfen seit kurzem auch an diesem Schießwettkampf teilnehmen –, ist die große Masse weniger an der geschossenen Punktzahl interessiert denn an der gigantischen Chilbi, deren Rummelplatz mit den neuesten und verrücktesten Bahnen aufwartet.

FEIERTAGE

An folgenden Tagen bleiben Büros und Geschäfte geschlossen: *Neujahr* (1. Jan.), *Berchtoldstag* (2. Jan.), *Karfreitag, Ostermontag, Tag der Arbeit* (1. Mai), *Himmelfahrt, Pfingstmontag, Nationalfeiertag* (1. Aug.), *Weihnachts- und Stephanstag* (25./26. Dez.) An folgenden lokalen Feiertagen wird ab 12 Uhr mittags nicht mehr gearbeitet: *Sechseläuten* (3. Montag im April), *Knabenschiessen* (2. Montag im Sept.)

BESONDERE VERANSTALTUNGEN UND BRÄUCHE

Januar

Fespo: Messe für Ferien, Sport und Freizeit, *Züspa-Hallen, Tram: Sternen Oerlikon*

Ornaris: Neuheiten- und Trendmesse, *Züspa-Hallen, Tram: Sternen Oerlikon*

MARCO POLO TIPS
FÜR VERANSTALTUNGEN

1 Expovina
Auf leicht schaukelndem
Schiff Wein degustieren
(Seite 79)

**2 Zürcher
Theater Spektakel**
Theatralische und
kulinarische Leckerbissen
(Seite 79)

3 Kino am See
Leinwandschinken unter
freiem Himmel
(Seite 79)

**4 Zürcher
Leichtathletik-Meeting**
Der Weltelite hautnah auf
den Fersen sein (Seite 79)

5 Seenachtsfest
Leider nur alle drei Jahre
ein mächtiges Feuerwerk
(Seite 78)

**6 New Orleans
meets Zürich**
Groove auf diversen
Plätzen in der Innenstadt
(Seite 78)

Februar

Zürcher Fasnacht: »Guggenmusiken«, Maskenbälle und ein großer Umzug versuchen der Ausgelassenheit auch in der Zwingli-Stadt zum Durchbruch zu verhelfen.

März

Schweizerische Kunst- und Antiquitätenmesse: Züspa-Hallen, Tram: Sternen Oerlikon

April

3. Montag: *Sechseläuten,* das Fest der Zünfte. In genau festgelegter Reihenfolge und in historischen Kostümen ziehen und reiten die Zünftler durch die Stadt und finden sich schließlich auf der Sechseläuten-Wiese beim Bellevue ein. Dort trohnt der »Böögg«, ein mit Petarden (Knallkörpern) gespickter Schneemann aus Watte, auf einem riesigen Holzstoß. Dieser wird Punkt 18 Uhr in Brand gesteckt. Je nachdem, wie lange es dauert, bis der Böögg den Kopf verliert, muß noch mit dem Winter gerechnet werden. *Innenstadt und Sechseläutenplatz, Trams fahren nur bis an den Rand des Festgebietes.*

Mai

Züri-Metzgete: Internationales Radrennen in Zürichs Umgebung. Ziel: Rennbahn Oerlikon.

Juni

oeko: Messe für menschen- und umweltgerechte Technik und Lebensweise, *Züspa-Areal Oerlikon, Tram: Sternen Oerlikon*

Juli

★ *New Orleans meets Zürich:* Alle zwei Jahre (das nächste ist 1997) geben auf 20 Dixie-, Blues- und Brassbands Platzkonzerte in der ganzen Innenstadt. Gratis!

★ *Seenachtsfest:* Alle drei Jahre (das nächste Mal 1997) findet ein gigantisches, meist drei Tage dauerndes Fest in der Innenstadt und entlang des Sees statt, das von einem Feuerwerk gekrönt wird.

Beim *Casino Zürichhorn* wird das ★ *Kino am See* aufgebaut: eine riesige Leinwand in Ufernähe im See. *Tram: Fröhlichstrasse*

Stadtzürcher Seeüberquerung: 1,4 km zwischen den Strandbädern Mythenquai und Tiefenbrunnen. Mitmachen können alle.

August

Weiterhin *Kino am See*.

Der 1. August ist der *Schweizer Nationalfeiertag*. Meistens wird auf dem *Bürkliplatz* gefeiert; Reden werden gehalten. Höhenfeuer brennen am Abend rundum auf den Hügeln.

Die seit 1992 stattfindende Street Parade ist der Techno-Höhepunkt für die schillernden, endlos hüpfenden Raverinnen und Raver und setzte 1995 mit über 100 000 Teilnehmenden der Techno-Hochburg Zürich beinahe die Krone auf.

★ Das *Internationale Leichtathletik-Meeting Zürich* ist eine der ganz großen Veranstaltungen ihrer Art. Es findet Ende Juli oder Anfang August an einem Mittwochabend statt. *Stadion Letzigrund, Tram: Letzigraben*

Das ★ *Zürcher Theater Spektakel*, das als kleines Festival begann, ist zu einem großen internationalen Treffen freier Theatergruppen geworden und zieht auch viele Straßenkünstler, Jongleusen, Musikerinnen und Clowns an. Experimentelles Theater in verschiedenen Zelten und in der Werfthalle der Zürichsee-Schiffahrtsgesellschaft. Halb Zürich pilgert auf die Landiwiese am linken Seeufer. *Bus: Landiwiese.*

Zürcher Limmatschwimmen: Von der Rathausbrücke bis in die Badeanstalt Oberer Letten. Teilnehmen können alle.

September

Am 2. Wochenende im September: *Knabenschiessen.* Der älteste Zürcher Brauch, bei dem 12- bis 16jährige Knaben und – seit einigen Jahren – auch Mädchen im *Albisgüetli* an einem Wettschießen mit dem Sturmgewehr der Schweizer Armee teilnehmen. *Albisgüetli, Tram fährt nur bis Laubegg*

Züspa: Zürcher Herbstschau für Haushalt, Wohnen, Sport und Mode, *Züspa-Areal, Tram: Sternen Oerlikon*

Oktober

Meistens in der ersten Oktoberhälfte findet das *European Indoors* statt, ein WTA-Frauen-Tennisturnier mit einem Großteil der Weltelite. *Saalsporthalle Tram/ S4: Saalsporthalle*

November

Weinmesse ★ *Expovina*, Bücher- und andere Messen auf den zu dieser Zeit nicht mehr verkehrenden *Zürichsee-Schiffen*, die am *Bürkliplatz* vertäut sind. *Tram: Bürkliplatz*

Sechs-Tage-Rennen mit internationaler Beteiligung im *Hallenstadion in Oerlikon* mit feuchtfröhlichem Rahmenprogramm. *Tram: Sternen Oerlikon*

Dezember

»*Samichlaus*«-*Tag,* 6. Dez.: In einigen Vierteln und auf der Bahnhofstrasse »Samichlaus«-Umzug.

Nach und nach bürgert sich an Silvester ein für Zürich neuer Brauch ein: Auf der Rathausbrücke und an beiden Ufern der Limmat wird mit viel Champagner und Feuerwerk das neue Jahr begrüßt. *Niederdorf, Altstadt* und *Rathausbrücke, Tram: Rathaus*

Am Abend gehen wir aus

Zürich als trendsettende Kulturmetropole mit unzähligen Bars und Veranstaltungen, einer Oper von Weltruf und wilden Partys

Befragt man einen Zürcher oder eine Zürcherin über das städtische Kultur- und Nachtleben, erhält man nicht selten den Eindruck, sie wüßten selber noch nicht, wie rasant sich in den letzten Jahren das Angebot in dieser früher doch recht puritanischen Stadt entwickelt hat: Bars, so weit das Auge reicht, diverse Theater, eine weltberühmte Oper, 23 Kinos und über 1300 Restaurants.

Dazu kommen Kulturzentren wie die *Rote Fabrik* und die *Mühle Tiefenbrunnen* oder aufstrebende Kulturplätze wie das westliche Ende des Industriequartiers (Kreis 5) mit Galerien, Diskos, Ateliers. Die Stadt ist reich an Konzertbühnen. DJs, Pop- und Rockgrößen kommen gerne nach Zürich ins *Hallenstadion* und ins *Volkshaus* oder zu den Wirten, die regelmäßig Events unter ihrem Dach organisieren. Für Jazzer gibt es mit dem *Moods* wieder einen konstant offenen Jazz-club, und wenn's um Klassik geht, verfügt die Stadt über die *Tonhalle*, wo nebst klassischen Werken auch Opern und Musicals aufgeführt werden.

Wer sich einen Überblick über das Vergnügungsangebot Zürichs machen will, beschafft sich den »züri-tip«, die jeweils freitags erscheinende Beilage des »Tages-Anzeigers«, der größten regionalen Tageszeitung. Einen ersten Einblick ins Zürcher Nachtleben bietet die dreistündige Night-Tour (siehe Besichtigungen: Stadtrundfahrten), oder man schlendert ganz einfach vom Central-Platz her kommend durch das ★ *Niederdorf*, für Unterhaltung ist fast automatisch gesorgt.

In der arbeitsamen und tugendhaften Schweiz kennt man fast überall die Sperrstunde. In Zürich wurde sie auf Initiative des Zürcher Frauenvereins eingeführt, damit die Männer anderntags wieder in der Lage waren, zur Arbeit zu erscheinen. Meistens um Mitternacht gilt es, die Kneipen zu verlassen, wenn man es nicht riskieren will, »ufegestuelet« (mit dem Stuhl auf den Tisch gestellt) zu werden.

Das Odéon, eine der Barlegenden Zürichs: Die Anziehungskraft des schönen Jugendstilinterieurs wirkte einst schon auf Lenin & Co.

Nicht zuletzt wegen der Sperr-stunde sind die kleinen Clubs, Kellerbars und wilden Partys arg in Mode gekommen, gegründet und betrieben von unverbesserli-chen Nachtschwärmern, die es satt hatten, dem Erbe des ge-strengen Reformators Huldrych Zwingli jeden Abend Tribut zu zollen. Da jedoch das Ausschen-ken von Alkohol eines von den kantonalen Behörden erteilten sogenannten Patentes bedarf, das nur erteilt wird, wenn eine Prüfung absolviert wurde, florie-ren illegale Kellerbars und wilde Rave-Partys in alten Fabrikhal-len. Hinweise darauf findet man auf Handzetteln, die in In-Bei-zen, Boutiquen und Diskos aus-liegen. Am besten läßt man sich treiben und hält Augen und Oh-ren offen.

Rund sechzig Lokale halten dank Sonderbewilligungen die Woche über legal bis 2 Uhr of-fen, einige Freitag und Samstag sogar bis 4 Uhr. So nähert sich Zürichs Nachtleben langsam großstädtischen Qualitäten an. Ab 5 Uhr früh darf jede Kneipe wieder öffnen. Man kann sich also rund um die Uhr vergnügen und verpflegen.

Für die gutbesuchten Theater, aber auch für Konzerte lohnt es sich, den Vorverkauf zu nutzen. Die meisten Veranstalter arbeiten zu diesem Zweck mit der *Bil-lettzentrale* zusammen: *Mo–Fr 10 bis 18.30, Do bis 21, Sa bis 14 Uhr, Werdmühleplatz, Tel. 221 22 83, Tram: Bahnhofstrasse*

BARS

Älpli Bar (P 4)
✦ Hudigäägeler (Schweizer Liedgut mit Ziehharmonika)

wird ebenso gepflegt wie Schun-keln – und das bei zunehmen-dem Alkoholpegel. Echt traditio-nell. *Winter Mo–So 18–24.30 Uhr, Sommer bis 1.30 Uhr, Ankengasse 5, Tram: Rathaus*

Babalu (P 2)
Zürichs Jeunesse dorée, die gerne ihren neuerworbenen Schmuck ausführt, verkehrt hier. Mexi-kanischer Einschlag. Gepfefferte Preise. *Tgl. 17–24 Uhr, Schmidgasse 6, Tram: Rudolf-Brun-Brücke*

Barfüsser (P 3)
Als die schwule Bar galt der »Fuss«, wie sie in der Szene auch genannt wird, lange Zeit. Mit der Neueröffnung 1994 hat sie auch einen Teil nur für Frauen be-kommen. *Tgl. 17–24 Uhr, Spital-gasse 14, Tram: Rudolf-Brun-Brücke*

2. Akt (N 4)
⚥ Die dezent auf Jugendstil gestylte, am Rande der Ausgeh-zone gelegene Bar zieht die Par-tyszene an. *Mo–Sa 9–2 Uhr, Seln-austrasse 2, Tram: Selnau*

Chnelle 4 (T) (L 1)
✦ Gemischtes Publikum aus dem bunten Kreis 4 in der Nähe der als Zürichs Rotlichtbezirk be-kannten Langstrasse. Ist seit jeher Frauen- und Lesbentreffpunkt. Schöner Garten im Sommer. *Di–So 16–24 Uhr, Feldstrasse 108, Bus: Militär-/Langstrasse*

El Internacional (K 3)
⚥ Viel und laute Musik, immer die neuesten, trendigen Biere – so ist zum Beispiel das Vollmond-Bier eine Eigenkreation des »El-Inti«-Wirtes. *Tgl. 16–24 Uhr, Zentralstrasse 53, Tram: Schmiede Wiedikon*

Harry's Excelsior (Q 6)
Chromstahl, Granit und House-Music und Journalisten aus dem gegenüberliegenden Pressehaus. *Mo–So 16–24.30 Uhr, Dufourstrasse 24, Tram: Opernhaus*

Helvetia-Bar (T) (N 3)
✪ Mit über 100jähriger Geschichte eine der ältesten Stehbars von Zürich am Übergang zum Arbeiterviertel Aussersihl. Lange Zeit einer der In-Places, wo man sich das Bier nach Mitternacht noch leisten konnte. Im 1. Stock warme, ansprechende Küche bis spät. *Mo–Do 11.30–2, Fr/Sa bis 4 Uhr, So ab 18 Uhr, Stauffacherquai 1, Tram: Stauffacher*

Johanniter (P 2)
Hier gibt's nach Mitternacht das billigste Bier, aber auch die meisten Alkoholleichen. Vom Bankbeamten bis zum Saufbruder sind alle Sorten illustrer Gäste zu beobachten. *So–Do 9–2 Uhr, Fr/Sa bis 4 Uhr, Niederdorfstrasse 70, Tram/ Bus: Central*

Jules-Verne-Bar (O 3)
★ 🌿 Hoch über den Dächern der Altstadt, im runden Turm und direkt unter der Kuppel der Sternwarte genießt man beim kühlen Drink die Rundsicht. *Mo–Sa 11–24, So 14–23 Uhr, Uraniastrasse 9 (Lift-Eingang in Brasserie Lipp), Tram: Rennweg*

Kronenhalle Bar (Q 5)
✪ Früher die Bar der Bohemienszene, heute ein ruhiger Platz. Der Barkeeper pflegt zu Weltmeisterehren zu gelangen. Gediegen, auch bei den Preisen. *Tgl.*

MARCO POLO TIPS FÜR DEN ABEND

1 Jules-Verne-Bar
Eine überwältigende Sicht über Zürichs Dächer (Seite 83)

2 Kanzleiturnhalle
6-to-9-Bar am frühen, Konzert am mittleren Abend und Disko bis in den Morgen (Seite 84 und 85)

3 Kaufleuten
In-Restaurant, Bar für Voyeure und Disko (Seite 85)

4 Jazzclub Moods
Der Jazzclub für Liebhaber/innen (Seite 85)

5 Niederdorf
Hundert Ideen, sich zu vergnügen (Seite 81)

6 Odéon
Der Barklassiker, den schon Lenin schätzte (Seite 84)

7 Opernhaus
Stars und Koryphäen sorgen für hohes Niveau (Seite 86)

8 Programmkino Filmpodium
Cineasten-Mekka mit äußerst vielfältigem Programm (Seite 85)

9 LUV
Musikclub mit Live-Konzerten und Partys (Seite 87)

10 Theaterhaus Gessnerallee
Feste Spielstätte für freie Theatergruppen – mit Restaurant (Seite 89)

11.30–24 Uhr, Rämistr. 4, beim Bellevue, Tram: Bellevue

Lucy's Bar (**P 3**)

◈ Die Wirtin macht's schon lange, und das treue Stammpublikum vergilt's. *Mo–Sa 15.30 bis 24 Uhr, Brunngasse 13, Tram: Rudolf-Brun-Brücke*

Odéon (**T**) (**Q 5**)

★ ✦ Zwar ist das Odéon nicht mehr das, was es einmal war, als noch keine Apotheke die Hälfte des herrlichen Raumes in Beschlag nahm. Dennoch gehört es zu den Klassikern unter den Bars, an dem kein Weg vorbeiführt. Da haben sich schon die Dadaisten, Trotzki, Lenin und Literaten einen hinter die Binde gekippt. Schönes Jugendstildekor, ebensolche Leute (nicht nur schwul), einfach hip. *Mo–Do 7 bis 2 Uhr, Fr/Sa bis 4 Uhr, Limmatquai 2, Tram: Bellevue*

Zürich in anderem Licht: Nachts beginnt für viele das wahre Leben

oft übervolle *Disko* bis 2 Uhr. Fr und Sa *Konzerte* und andere Veranstaltungen bis 4 Uhr. *So bis Do 18–21 Uhr, Helvetiaplatz, Tram/Bus: Helvetiaplatz*

Safari Bar (**P 2**)

◈ ✦ Der Tresen ist sehenswert, das Interieur ebenfalls, und junges Volk findet man in Massen. *Zähringerstrasse 29, Mo–Sa 12–24, So ab 16 Uhr, Tram/Bus: Central*

Ole-Ole-Bar (**M 1**)

Verrückt dekoriert, zwischen originell und kitschig. *Mo–So 15 bis 24 Uhr, Langstrasse 138, Bus: Militärstrasse*

Pigalle Bar (**P 3**)

Ein verstecktes Plätzchen, dank seiner unter Heimatschutz stehenden, schönen Wandmosaiken eine echte Sehenswürdigkeit. *Mo–Sa 18–2 Uhr, Marktgasse 14, Tram: Rathaus*

6-to-9-Bar/Kanzleiturnhalle (**M 2**)

★ In einer ehemaligen, klassizistische Züge aufweisenden umgebauten Turnhalle fühlt man sich in der »Bar vorher« wohl. Wunderbar geeignet zur Planung des Abends. Mo, Di und vor allem Do anschließend gute, aber

Sixty One (**T**) (**E 5**)

✦ Eines der wenigen Lokale, die direkt am See liegen. ⚘ Schöne Aussicht direkt auf die Skyline, vor allem aus der Bar im 1. Stock. Gediegenes Restaurant und heiße Disko, frisch umgebaut. *So–Do 21–2, Fr/Sa bis 4 Uhr, Mythenquai 61, Tram/Bus: Rentenanstalt, Schiff: Enge*

Splendid (**P 3**)

Seit Generationen nicht wegzudenkende Institution, leicht schummrig mit Live-Piano. Der Flügel steht im Mittelpunkt, oft auch die Pianistinnen. Chambre séparée für geheime Rendezvous. Im ersten Stock Videoclub. *Tgl. 17–2 Uhr, Rosengasse 5, Tram: Rathaus*

Züri Bar (P 3)
☯ ☨ Alte, unveränderte Bier- und Whisky-Bar mit jungem Lederjacken-Publikum. *Mo–Sa 12 bis 24, So ab 18 Uhr, Niederdorfstrasse 24, Tram: Rudolf-Brun-Brücke*

DISKOTHEKEN

Siehe auch unter *Partys, Privatclubs* und *6-to-9-Bar*. Meist kommt das Tanzen – wenn Sie darauf Wert legen – dort billiger als in den eigentlichen Diskotheken.

Castel Pub (P 4)
Dreistöckig, unten poppige Bar, oben Disko mit Rock, Funk, HipHop. *Mo–Fr 11–2, Fr/Sa ab 17 Uhr, Spiegelgasse 1, Tram/Bus: Neumarkt*

Hey Club (Q 5)
Heiße Rhythmen, viele schwarze Menschen und jeden Abend ein anderes Programm: Di: African, Mi: Reggae, Do: Latin, Fr: Disko, Funk, Rap, Sa: Funky Reggaesoul, So: Latin. *Mo–So 21.30–2.30, Fr/Sa 22.30–4 Uhr, Rämistrasse 6, Tram: Bellevue*

Kanzleiturnhalle (M 2)
★ Verschiedene Veranstaltungen, Mo–Do und manchmal auch nach Konzerten *Disko* (siehe 6-to-9-Bar). *Fr/Sa bis 4 Uhr. Helvetiaplatz, Tram/Bus: Helvetiaplatz*

Limmatbar (P 3)
☨ Absoluter In-Place, am Wochenende mit Live-DJ und Membercard. Aber versuchen

kann man's trotzdem. *So bis Do 19–2, Fr/Sa bis 4 Uhr, Limmatquai 82, Tram: Rudolf-Brun-Brücke*

Taifun (O)
Im renovierten Clubraum des alternativen Kulturzentrums Rote Fabrik sind ab und zu heiße Nächte zu erleben. *Seestrasse 395, Tram: Post Wollishofen, Bus: Rote Fabrik, S1, S8: Wollishofen*

JAZZ

Casa Bar (P 4)
Jazz der traditionellen Sorte gibt's in dieser Bar fast seit Menschengedenken. *Tgl. 19–2 Uhr, Münstergasse 30, Tram: Rathaus*

Jazzclub Moods (N 4)
★ Der langersehnte Nachfolger des legendären Bazillus-Clubs bringt pro Woche mindestens vier *Jazzkonzerte (Mi–Sa)* auf seine kleine Bühne. Das *Restaurant* bietet ein günstiges Jazzmenü. *Sihlamtstrasse 5, Tram/S4, S10: Selnau*

KINO

Drei bis vier Vorstellungen bieten die Zürcher Kinos. Der sogenannte Kinomagnet an Litfaßsäulen, in Kneipen und Zeitungen informiert über das Angebot der 51 Säle. Im »züri-tip« gibt es Kurzbesprechungen.

Programmkino Filmpodium (N 4)
★ Ein städtisch subventioniertes Cineasten-Mekka, das ein äußerst anregendes, meist durch ein Thema bestimmtes Programm bietet, aber den Nachteil hat, daß einzelne Filme nur ein- oder zweimal gezeigt werden. *Nüschelerstrasse 11, Tel. 211 66 66, Tram: Sihlstrasse*

Programmkino Xenix **(M 2)**

Das originellste Kino der Stadt, das in einer umgebauten, teilweise mit Sofas bestückten Baracke untergebracht ist. Eine kleine eingeschworene Fangemeinde hält den Laden am laufen und sorgt mit der Filmauswahl für interessante Überraschungen. Das Programm wartet mit politisch relevanten oder experimentellen Streifen auf, die kaum eine Chance haben, in den kommerziellen Kinos gezeigt zu werden. Im Vorraum findet sich eine kleine, dank langer Öffnungszeiten gut frequentierte Bar. *Kanzleistrasse 56, Tel. 242 04 11, Tram/Bus: Helvetiaplatz*

Opernhaus **(Q 5)**

★ Dank großartiger Aufführungen und Starbesetzungen für Oper und Ballett genießt das Zürcher Opernhaus Weltruf, war aber der hohen Kosten wegen oftmals Zankapfel städtischer Kulturpolitik. Nach einer Volksabstimmung schlägt es nun beim Kanton Zürich zu Buche. *Falkenstrasse 1, Tel. 252 93 07, Tram: Opernhaus/Bahnhof Stadelhofen*

Tonhalle **(O 5)**

Das erstklassige Tonhalle-Orchester sowie verschiedene Gast-

Der Kanton Zürich läßt sich den Weltruf seines Opernhauses etwas kosten

orchester konzertieren in diesem 1895 eingeweihten, prunkvollen Saal meist unter ebenso erstklassigen Dirigenten. Der reich geschmückte Saal verfügt über eine restaurierte, mächtige Orgel. *Claridenstrasse 7, Tel. 201 15 80, Tram: Bürkliplatz*

MUSIKRESTAURANTS

Cabare (K 6)

Restaurant, etwas außerhalb gelegen, mit einem vielseitigem Live-Musikprogramm. Allerdings nur einmal wöchentlich. *Mo–So 7–24, Sa ab 16, So ab 10 Uhr, Eichstrasse 29, Tel. 462 66 80, Bus/S10: Binz*

LUV (Q 6)

Live-Konzerte und Partys machen die schräge Bar zum In-Place. *So–Do 17–2, Fr, Sa bis 4, Sa ab 20 Uhr, Kreuzstrasse 24, Tel. 262 40 07, Tram: Kreuzstrasse*

Opus (P 3)

Im ehemals berühmten »Kindli« ist ein Lokal entstanden, wo sich nicht nur gediegen speisen läßt, sondern vielfältige Lektüre und drei- bis viermal pro Monat Lesungen, Jazzkonzerte, Cabarets für kulturelle Abwechslung sorgen. *Tgl. 7.30–24 Uhr, Pfalzgasse 1, Tel. 211 41 82, Tram: Rennweg*

Ziegel oh Lac (T) (O)

🏃 Laue Sommernächte auf den Bänken zwischen Restaurant und See, Open-air-Konzerte oder -Filme. Dienstags finden im Ziegel, der Beiz des Kulturzentrums Rote Fabrik, Rockkonzerte statt. *Di–So 11–24, Fr, Sa bis 2 Uhr, Seestrasse 396, Tel. 481 62 42, Tram: Post Wollishofen, Bus: Rote Fabrik, S1, S8: Wollishofen*

NACHTCLUBS

Im folgenden eine Auswahl der Lokale, die weiblichen und – seltener – männlichen Strip zeigen. Eintritt frei, Getränke ab sfr 15.–.

Dolce Vita (P 2)

Ganz in Schwarz präsentiert sich dieses gediegen gestylte Striplokal. *Tgl. 17–24 Uhr, Häringstrasse 2, Tram/Bus: Central*

Haifisch-Bar (P 3)

Käpten Jo's Cabaret ist seit vielen Jahren Legende. Das Programm: Strips, Magic Shows und anderes Ausgefallenes. *Tgl. 17.45–2 Uhr, Mühlegasse 3–5, Tram: Rudolf-Brun-Brücke*

Long Street (M 2)

Nonstop-Strip in dem Stadtviertel Zürichs, wo auch sonst diverse Etablissements der einschlägigen Sorte zu finden sind. *Mo–Sa 11–0.30 Uhr, Langstrasse 92, Tram/Bus: Helvetiaplatz*

Terrasse (P 5)

Music-Hall, Cabaret, Restaurant, Bar, Tanz und Divertissement auf 5-Sterne-Niveau – mit Striptease. *Tgl. 17–2 Uhr, Limmatquai 3, Bellevue-Haus, Tram: Bellevue*

PARTYS

In den letzten Jahren erfuhr Zürich einen Party-Boom. Fast jeder nur halbwegs trockene Schuppen wurde zur Party-Location, oft genausoschnell aber wieder aufgegeben oder von der strengen Wirtschaftspolizei wegen unerlaubten Wirtens, Lärm oder anderer nicht erfüllter Auflagen geschlossen. Diese Szene ist wechselhaft: Ohren offenhalten, die herumliegenden Flyer beachten und den wöchentlichen »züritip« konsultieren.

Café Grössenwahn (Q 5)
🕺 Mit einem »gnadenlosen Programm« und unter dem Motto »Leichtsinn, Blödsinn, Unsinn« segelt das ehemalige *Dancing* eher jüngeren Ufern entgegen. *So–Do 19–2, Fr, Sa bis 4 Uhr, Theater-strasse 10, Tram: Bellevue*

Dillon's Music Club (O)
Tropfsteindesign unter der Autobahnbrücke am Stadtrand. Neuerdings auch mit Restaurant. Ohne Auto muß man dort tanzen, bis die erste Sihltalbahn (S 4) fährt. *Do 21–3, Fr, Sa 22–5 Uhr, Allmendstrasse 73, S 4: Manegg*

El Cubanito (O 4)
Einer der heißeren Tanzplätze am Ort. Im alten Börsensaal geht's vor allem lateinamerikanisch ab. *Fr, Sa ab 22 Uhr. Bleicherweg 5, Tram: Paradeplatz*

Kaufleuten (O 3)
★ Im altehrwürdigen Kaufleuten-Saal findet man – nebst Restaurant und einer aus New York importierten Bar – eine Mischung zwischen schicker Diskothek und heißen Raves. *Di–Do 19–2, Fr, Sa bis 4 Uhr, Pelikanstrasse 18, Tram: Sihlstrasse*

Oxa Dance Hall (O)
Schon der Tunneleingang unter der Bahnlinie ist etwas Besonderes. Neuester Sound aus dem mitten im Raum stehenden Heli-Cockpit bringt einen hier in Fahrt. Sonntag After-hour-Partys von 5–10 Uhr. *Do–Sa 22–4 Uhr, Andreasstrasse 70, Tram: Bahnhof Oerlikon/-Eisfeldstrasse*

Upspace (P 3)
Neuer In-Place mit kleiner Tanzfläche erwartet die Raver im ersten Stock eines engen Altstadthauses *Do 22–2, Fr/Sa bis 4 Uhr, Stüssihofstatt 17, Tram: Rathaus*

PROSTITUTION

Ein Beschluß der Stadtregierung legt genau fest, wo sich Prostituierte anbieten dürfen und wo nicht: zum Beispiel an Straßen und Plätzen mit Häusern, die ausschließlich Geschäftszwecken dienen. Dieser Beschluß hat dazu geführt, daß an der Langstrasse, der früheren Rotlichtmeile Zürichs,

Techno-Hochburg Zürich: Raven ab Mitternacht bis zum Morgengrauen

Prostitution verboten ist. Eine Ausnahme wurde für das untere Niederdorf gemacht. Der Strich wandert immer ein bißchen. Tagespresse und einschlägige Medien weisen auf Salons und andere Dienste hin. Bordelle im eigentlichen Sinn sind verboten.

Der schwule Strich findet sich im Shopville und rund um den Hauptbahnhof, die Cruiser-Szene hat sich im Arboretum beim Hafen Enge eingenistet

THEATER

Bernhard-Theater   (Q 5)
Volkstheater vom Lustspiel über Kabarett und Posse bis zum Musical. Direkt neben dem Opernhaus. *Mozartstrasse, Tel. 252 60 55, Tram: Opernhaus/Bellevue*

Schauspielhaus   (Q 4)
Diese Bühne war während des Zweiten Weltkrieges die einzige deutsche Sprechbühne, auf der ein freies Wort gesprochen werden durfte. *Heimplatz, Tel. 251 11 11, Tram: Kunsthaus*

Theater am Neumarkt   (Q 3)
Ein mutiges Haus, das sich öfters an zeitgenössische, nicht unumstrittene Stücke heranwagt und glücklicherweise vor sparbedingten Schließungsabsichten seitens der Behörden gerettet werden konnte. *Neumarkt 5, Tel. 251 14 88, Tram/Bus: Neumarkt*

Theaterhaus Gessnerallee   (N 3)
★ Platz für Experimente in ehemaligen Stallgebäuden der Armee. Erst kürzlich ist das Haus dank einer Volksabstimmung vom Provisorium zum definitiven Spielplatz für freie Theatertruppen geworden. Gibt es einmal kein Theater, lohnt das *Restaurant Reithalle* mit Garten das Kommen. *Gessnerallee 8, Tel. 212 12 20, Tram/Bus: Kaserne*

Theater an der Winkelwiese (Q 4)
Kleintheater in einem prächtigen Kellergewölbe. Der Schwerpunkt liegt auf zeitgenössischem Schaffen. Mo Jazz. *Winkelwiese 4, Tel. 252 10 01, Tram/Bus: Kunsthaus*

Kulturzentrum Rote Fabrik

Basisdemokratisch geführt mit toller Lage direkt am See: In einem ehemaligen Fabrikgebäude aus roten Backsteinen hat sich nach einer aufreibenden Entstehungsgeschichte in den achtziger Jahren und einer gewonnenen Volksabstimmung – wiederkehrende Subventionen betreffend – ein lebendiges und kreatives Zentrum sogenannter nichtetablierter Kultur entwickelt. Rockkonzerte und Theateraufführungen finden statt, die Gruppe »Fabrik-Jazz« hat sich mit den von ihr organisierten Konzerten insbesondere dem »Taktlos-Festival« weit über die Szene hinaus einen Namen gemacht. Die Shedhalle zeigt zeitgenössische Kunst, und in über hundert Ateliers wird solche produziert. Kindergärten sorgen für die Kleinen, und das Restaurant »Ziegel oh Lac« ist bekannt für seine gute, unkomplizierte und preisgünstige Küche mit Vollwertkost, seinen unzimperlichen Service, oft laute Musik und ein Publikum voller kritischer Geister.

Von Auskunft bis Zoll

Nützliche Adressen und Tips für Ihre Zürich-Reise

AUSKUNFT VOR DER REISE

Schweizer Verkehrsbüro
*Kaiserstrasse 23, 60311 Frankfurt a. M.,
Tel. 069/256 00 10, Fax 25 60 01 38*

Schweizer Verkehrsbüro
*Kärntnerstrasse 20, A-1015 Wien, Tel.
0222/512 74 05, Fax 513 93 35*

AUSKUNFT IN ZÜRICH

Verkehrsbüro Zürich
Bahnhofplatz 15 *(im Hauptbahnhof), Tel. 211 39 81, Nov.–März:
Mo–Fr 8.30–19.30, Sa, So 8.30 bis
18.30, April–Okt.: Mo–Fr 8.30 bis
21.30, Sa, So 8.30–20.30 Uhr.*
Zürich Flughafen, *Mo–So 10 bis
19 Uhr, Terminal B, Tel. 816 35 11*

APOTHEKEN

Apotheke am Bellevue, *rund um
die Uhr geöffnet, Theaterstrasse 14,
Tel. 252 56 00*
St.-Peter-Apotheke (Homöopa-
thie, Naturmedizin), *Mo–Sa 7 bis
22 Uhr, St. Peterstrasse 16, Tel.
211 44 77*

AUSFLÜGE

Buchen Sie über Ihr Hotel, das
Verkehrsbüro oder bei »Zurich
Excursions«, *Tel. 462 77 39*. Im
Angebot sind eintägige Ausflüge
auf berühmte Gipfel der Schweizer Alpen wie Rigi, Pilatus, Titlis,
das Jungfraujoch, zum Shopping
nach Luzern und/oder nach In-
terlaken/Grindelwald im Berner
Oberland. Treffpunkt ist das Verkehrsbüro im Hauptbahnhof.

AUTO

Anschnallen ist Pflicht. Höchst-
geschwindigkeit: in geschlosse-
nen Ortschaften 50 km/h, auf
Landstraßen 80 km/h und 120
km/h auf Autobahnen. Eine Au-
tobahngebühr muß in Form einer Vignette für sfr 40.– (für ein
Kalenderjahr) entrichtet werden,
und zwar auch für Anhänger. Erhältlich an der Grenze, bei Post-
ämtern und Autoclubs.
Benzin: Super 98 Octan, Bleifrei
95 Octan, an allen Tankstellen.
Pannenhilfe: Tel. 140
Straßenzustand: Tel. 163
   In der Innenstadt empfiehlt es
sich, die sehr guten öffentlichen
Verkehrsmittel zu benutzen. Die
meisten Parkplätze in der Innenstadt sind gebührenpflichtig. In
den Verkehrsbüros ist ein Plan erhältlich, auf dem sämtliche Park-
häuser aufgezeichnet sind.

BAHNEN

Die Schweizerischen Bundesbahnen (SBB) unterhalten das nach Japan zweitdichteste Bahnnetz der Welt. Zudem betreiben die SBB die Zürcher S-Bahn seit Mai 1990.

Es gibt diverse Vergünstigungen. *Halbtax-Abonnement:* einen Monat alle Fahrten zum halben Preis für sfr 85.–.

Swiss Pass: 16 000 km freie Fahrt auf Bahn-, Autobus- und Schiffslinien, Straßenbahnen in 35 Städten. Wahlweise 4, 8, 15 Tage oder 1 Monat gültig, sfr 210.– bis 420.–.

Swiss Flexi Pass: 3 Tage freie Fahrt (gültig 15 Tage), sfr 210.–.

Auskunft: *Tel. 211 50 10, im Verkehrsbüro am Hauptbahnhof, in Reisebüros*

BANKEN/GELD

Die meisten Banken öffnen ihre Schalter *Mo–Fr von 8.30–16.30, Do bis 18 Uhr.* Die drei großen – SBG, SBV, SKA – haben an ihren Hauptsitzen länger und auch samstags geöffnet.

Wechselstube im Hauptbahnhof *tgl. 6.15–22.45 Uhr geöffnet.*

Kreditkarten sind zunehmend verbreitet. Euro-, Traveller- und auch Postschecks können bei Bank und Post meistens problemlos eingelöst werden. Geldautomaten der Banken und der Post für Plastikkärtchen mit Geheimnummer stehen an fast jeder Ecke in der Innenstadt.

FAHRRÄDER

Das Velo ist in Zürich das schnellste Verkehrsmittel, geeignet auch für kleinere Ausflüge in die Umgebung, da man es – mit einer separat zu lösenden Fahrkarte – in die öffentlichen Verkehrsmittel verladen kann. Am Hauptbahnhof können Räder gemietet werden. Velokarte bei den Filialen der Zürcher Kantonalbank, der Post und der Stadtpolizei.

FRAUEN/LESBEN

Autonomes Frauenzentrum
Beliebter Treffpunkt mit Restaurant *Pudding Palace (Di–Fr 12–14, 18–22 Uhr)* und Bar *(Fr ab 22 Uhr). Mattengasse 27, Tel. 272 85 03, Tram/Bus: Limmatplatz*

Frauenbadeanstalt: Hübsche, rundum geschlossene hölzerne Badeanstalt. *Mo–Fr 7.30–20 Uhr, Stadthausquai, Tram: Bürkliplatz*

Frauenkino: Xenia, Do Filme mit Frauenthemen. *Kanzleistrasse 56, Tram/Bus: Helvetiaplatz*

Lesben: Frauen- und Lesbenteil in der *Barfüsser-Bar, tgl. 17 bis 24 Uhr, Spitalgasse 14. Chnelle 4, Di–So 16–24 Uhr, Feldstr. 108.* Ab und zu *Tanzleila,* Frauen-Disko in der *Kanzleiturnhalle, Helvetiaplatz.*

FUNDBÜRO

Im Hauptbahnhof: *Mo–Fr 8 bis 18.30, Sa 8–12, 13–17 Uhr, Tel. 211 88 11*
Städtisches: *Werdmühlestrasse 10, Mo–Fr 7.30–17.30 Uhr, Tram: Bahnhofplatz, Tel. 216 51 11*

GEPÄCK

Reisen Sie mit dem Flugzeug an, können Sie das Gepäck bis zum Hauptbahnhof spedieren lassen und es bei der Abreise auch am Hauptbahnhof aufgeben (sfr 20.–). Sie können 24 Stunden vor Abflug einchecken. Gepäck-aufgabe und Fly-Gepäck: *Tel. 211 05 37, tgl. 6–19.40 Uhr.* Ge-päckausgabe: *Tel. 245 34 81, tgl. 6–20 Uhr.* Gepäckaufbewahrung: *Tel. 245 34 82, tgl. 6–20 Uhr*

NACHTBUSSE

Sa und So, ab Bellevue 1, 1.30, 2 Uhr alle Richtungen (sfr 5.–).

NOTFALL

Polizei: *Tel. 117*
Feuerwehr: *Tel. 118*
Apotheke: *Tel. 252 56 00*
Ärztlicher Notdienst:
    Tel. 261 61 00
Erste Hilfe: *Tel. 361 61 61*
Notruf für vergewaltigte Frauen:
    Tel. 291 46 46
Tierärztlicher Notdienst:
    Tel. 365 11 11
Zahnärztlicher Notdienst:
    Tel. 363 31 00

ÖFFENTLICHE VERKEHRSMITTEL

In Stadt und Region Zürich sind alle Verkehrsmittel im Zürcher Verkehrsverbund zusammenge-schlossen, d. h. die Tageskarte für die Stadt Zürich zu sfr 6.40 gilt für 24 Stunden für Tram, Bus, Postauto, Schiff und S-Bahn.

PASS

Der Personalausweis genügt.

POST

Sihlpost (Hauptpost), *Kasernen-strasse 95/99, tgl. 6.30–23 Uhr, So ab 9 Uhr.* Übrige Postämter: *Mo–Fr 7.30–18.30, Sa bis 11 Uhr.* Briefe bis 20 Gramm und Post-karten kosten mit der A-Post, der schnelleren, ins europäische Aus-land sfr 1.–, mit der B-Post, 80 Rappen, nach Übersee 1,80/0,90.

SCHWULE

Homosexuelles Begegnungszentrum
Sihlquai 67, Tel. 271 22 50
Bars: *Barfüsser-Bar, Odeon; T & M-Club (Marktgasse vis-à-vis Polygon), Trübli-Bar.*
Saunas: *Moustache, Reno's Relax Club, Apollo. Karussell* und *Bagpiper,* beide an der Zähringerstrasse, gel-ten als Stricherbars. Der Strich ist ansonsten im Hauptbahnhof und im angrenzenden Shopville zu finden. Eine Cruiserszene existiert in fast allen Parks. Aufgepaßt, »Schwulenklatschen« wird von manchen als Sport betrachtet.

TAXIS

Das Taxifahren ist nicht billig. Grundtaxe ist sfr 6.–. Jeder gefah-rene Kilometer wird mit sfr 2.90 verrechnet, die Stunde Wartezeit mit sfr 60.–. Alle lizenzierten Ta-xis haben ein blauweißes Schild.
Taxi 2000: *Tel. 444 44 44*
Taxi-Zentral: *Tel. 272 44 44*
Züri Taxiphon: *Tel. 271 11 11*
Züri Jung: *Tel. 271 11 88*
Behindertentransport:
    Tel. 272 42 42

TELEFONIEREN

Die Automaten sind mit Klein-geld zu füttern, neuere Modelle funktionieren mit einer Telefon-karte, der Taxcard, erhältlich an den Postschaltern. Telefonate ins Ausland: Landesziffer, Vorwahl ohne die Null, Anschluß.
In die Schweiz von Deutschland aus: *00 41*

von Österreich aus: *050*
aus der Schweiz nach Deutschland: *0049*
nach Österreich: *00 43*
Auskunft national: *Tel. 111*
Auskunft international: *Tel. 110*

TICKETS

Theater-, Konzert- und Opern-
karten bei der Billettzentrale,
Mo–Fr 10–18.30, Sa bis 14 Uhr,
Werdmühleplatz, Tel. 221 22 83
oder direkt bei den Veranstaltern.

ZOLL

Schweizerische und ausländische
Zahlungsmittel dürfen in unbe-
schränkter Höhe eingeführt werden. Die Schweiz gehört nicht
der Europäischen Union an.

Zollfrei sind bei der Einreise
Geschenke im Wert von sfr
100.–, zwei Liter alkoholische
Getränke unter 15 Prozent, ein
Liter über 15 Prozent, 200 Ziga-
retten oder 250 g Tabak oder
50 Zigarren.

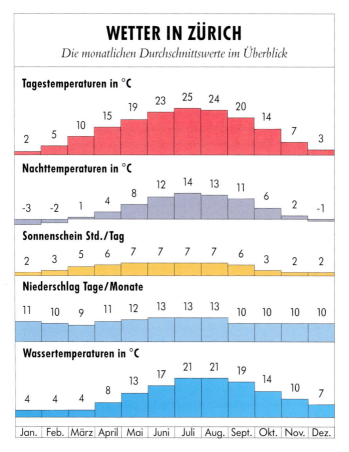

WETTER IN ZÜRICH

Die monatlichen Durchschnittswerte im Überblick

Tagestemperaturen in °C

2 5 10 15 19 23 25 24 20 14 7 3

Nachttemperaturen in °C

-3 -2 1 4 8 12 14 13 11 6 2 -1

Sonnenschein Std./Tag

2 3 5 6 7 7 7 7 6 3 2 2

Niederschlag Tage/Monate

11 10 9 11 12 13 13 13 10 10 10 10

Wassertemperaturen in °C

4 4 4 8 13 17 21 21 19 14 10 7

| Jan. | Feb. | März | April | Mai | Juni | Juli | Aug. | Sept. | Okt. | Nov. | Dez. |

Bloß nicht!

Peinliche und ärgerliche Erlebnisse lassen sich vermeiden

Abfall

Werfen Sie nicht einfach alles zu Boden. Zürich gibt sich Mühe, eine saubere Stadt zu sein. Es stehen überall Abfallbehälter herum, und auf einen Aschenbecher müssen Sie auch nicht lange warten, wenn mal vor Ihrer Nase gerade keiner steht. Im übrigen werden Abfälle getrennt entsorgt und recycelt.

S-Bahnstation Stettbach

Wer im neuen Bahnhof Stadelhofen die S-Bahn besteigt und das Meisterwerk des Stararchitekten Calatrara bestaunt, tut gut daran, nicht gleich bei der nächsten Station am anderen Ende des Zürichbergtunnels wieder auszusteigen. Derart öd, trist und verloren in einer aufstrebenden Industrie- und Dienstleistungszone liegt die Bahnstation, daß man nur ans Umsteigen denken kann.

Fondue

Wenn Sie mal mittags oder mitten im Sommer Lust verspüren, das Schweizer Nationalgericht aus flüssigem Käse zu probieren, geben Sie Ihrem Bedürfnis nur nach, wenn Sie es wirklich nicht lassen können. Abgesehen davon werden Sie nur mit Mühe ein Restaurant finden, das einem solch abstrusen Ansinnen gerecht wird, und dann ist es ein ausgesprochenes Touristenlokal. Für die Schweizer gehört das Fondue zur kühleren Jahreszeit und in die Abendstunden.

»Fränkli« und »Chuchichäschtli«

Geben Sie sich keine Mühe, den Schweizerdeutschen Dialekt zu sprechen, oder – noch schlimmer – mit Hilfe des häufig eingesetzten Diminutivs nachzuäffen. Schweizerdeutsch ist eine schwierige Sprache, und man blamiert sich nur. Die Schweiz ist überdies ein viersprachiges Land, die Schweizer sprechen nicht nur Hochdeutsch als erste Fremdsprache, sondern meist mehr oder weniger gut Französisch, Italienisch und/oder auch noch Englisch.

Kuckucksuhren

Es gibt Leute, die halten eine Kuckucksuhr für das höchste aller Gefühle. Wenn Sie glauben, aus Zürich eine Kuckucksuhr als Souvenir mitnehmen zu müssen, liegen Sie falsch. Diese stammen nämlich aus dem Schwarzwald.

Züricher und Zürcher

Eindeutig als ignoranten Touristen weisen Sie sich aus, wenn Sie von der Züricher statt von der Zürcher Bahnhofstrasse reden oder eine Zürcherin Züricherin nennen. Das kleine »i« macht hier den großen Unterschied!

Alle Sehenswürdigkeiten, Museen und Restaurants alphabetisch geordnet
Halbfette Zahlen verweisen auf einen Haupteintrag, kursive auf ein Foto.

Was bekomme ich für mein Geld?

Der Schweizer Franken ist eine harte und stabile Währung. Ein Franken kostet ungefähr 1,20 Mark oder 12 österreichische Schilling.

Ein Franken sind 100 Rappen. Es befinden sich Scheine über 1000, 500, 100, 50, 20 und 10 Franken im Umlauf und Münzen, *Münz*, zu 5, 2, 1, ½ Franken und zu 20, 10 und 5 Rappen. Neben dem Baren wird das Plastikgeld zunehmend zum üblichen Zahlungsmittel. Mit den gängigen Kreditkarten hat man keine Probleme.

Zwar gelten in der Schweiz für Waren und Dienstleistungen feste Preise, doch schwanken sie je nach Stadtgegend erheblich. So ist der Kaffee zum Teil für 2.50 zu haben, andernorts kostet er 3 Franken. Die Stange Bier liegt bei zirka sfr 3.20, das Mineralwasser – gesetzlich vorgeschrieben – etwas darunter. Für einen Kinobesuch muß man – je nach Kino und Film – mit sfr 12.– bis 19.– rechnen. Die Kurzstrecke mit dem Tram (5 Stationen) kostet sfr 1.90, die Langstrecke sfr 3.20, eine Tageskarte für unbeschränkte Fahrten auf dem Stadtnetz sfr 6.40. Die Taxi-Grundtaxe liegt bei sfr 6.–, der gefahrene Kilometer wird mit sfr 2.90 verrechnet. Für das Kilo Gold muß man gut sfr 17 000 hinblättern.

DM	sfr	sfr	DM
1	0,83	1	1,20
2	1,66	2	2,40
3	2,49	3	3,60
4	3,32	4	4,80
5	4,15	5	6,00
10	8,30	10	12,00
20	16,60	15	18,00
30	24,90	20	24,00
40	33,20	30	36,00
50	41,50	40	48,00
60	49,80	50	60,00
70	58,10	60	72,00
80	66,40	70	84,00
90	74,70	80	96,00
100	83,00	90	108,00
200	166,00	100	120,00
300	249,00	200	240,00
500	415,00	250	300,00
750	622,50	500	600,00
1.000	830,00	1.000	1.200,00